AF296935

Y + 4371. (Réserve)

(Cachet Jacob)

C.

Yf 2428

L'HISTOIRE.
DE L'ENFANT
PRODIGVE, Re-
duitte & estendue en forme de
Comedie, et nouuellemēt traduit-
te de Latin en François, par Antoine Tiron : Matiere tres-vtile
& profitable pour les jeunes gēs,
à cause des bons propos, sentences & amonitions
qui y sont an-
nexees.
A NVERS.
Chez Iean Waefberge, au Ci-
mitiere nostre Dame, à l'Escu
de Flādres au Marché à Toiles.
M. D. LXIIII.

L'EXTRAIT DV
PRIVILEGE.

IL a pleu à la maiesté Royalle de permettre, octroy
er & donner Priuilege à Iean Waesberge, Impri-
meur & libraire juré de la ville d'Anuers, de pou-
uoir luy seul imprimer, ou faire imprimer, vendre, &
distribuer vn liure intitulé: L'histoire de l'Enfant
prodigue, reduitte & estendue en forme de
Comedie, etc. Interdisant & deffendant à tous
Imprimeurs, Libraires, & autres personnes quelconques, de n'imprimer ou faire imprimer, ne vendre ledit Liure, sans congé & consentement dudit
Iean Waesberghe en six ans, sous la peine conte-
nue plus à plein en l'original dudit Priuilege, donné
à Brusselles.

S. Perre.

A TRES-VERTVEVX ADO-
LESCENT M. GREGOIRE

Goutin, Notaire en la tresfameuse ville d'Anuers,
Antoine Tiron d'estre entiere
felicité.

E fruict le plus exquis & de meilleure garde que nous puissons cueil
lir au plaisant verger des Histoires
est quand nous arrestos à contépler
attentiuement & auoir les yeux
de l'entendemēt fichez sur les gra
ces singulieres & dons particuliers, qu'il a pleu au
souuerain createur de toutes choses, distribuer &
ottroyer aux personnages qu'il à par vne singuliere
prerogatiue destinez à estre excellens par sus les autres: attendu que par telle consideration, l'esprit est
merueilleusement incité a tous-jours entreprēdre &
poursuiure quelque acte vertueux, mesmemēt en pē-
sant à la fin glorieuse, ou sont paruenuz ceux qui
d'vn courage immuable & inuincible ont parache-
ué les desseins par eux vertueusemet entrepris, cela
di-je est vn aiguillō qui (si nous ne sommes destituez
de bō sens) imprime en noz fantasies vn merueilleux
desir de nous faire valloir & nous renger à la vertu.
Or est il qu'entre les Histoires qui sont dites propha-
nes, il se trouue grand nombre de bons exemples &
bien dignes d'estre nottez & imittez, ce neantmoins
pourautāt que souuēt est auenu que leurs auteurs se
sont laissé aller à plusieurs vices & imperfections cōme ceux qui n'auoyent cognoissance dont telle grace

A ij

leur

leur procedoit & qui referoyent tout à leur force par
ticuliere, ou à leur bon heur & aueugle fortune, c'est
à bon droict qu'on r'abbat beaucoup de la gloire &
louáge qui sans cela solide & entiere leur estoit deüe.
Ne plus, ne moins que l'arbre seroit beaucoup moins
estimé, du quel le fruict en partie seroit doux & sa-
uoureux, & l'autre part aspre, amere & mal plaisan
te au goust. Ce consideré, & veu que nous sommes à
mesme & à choisir, comme ceux qui auons cognoissance d'vn seul & vray Dieu, autant que par sa
grace il luy a pleu nous en departir, suiurons comme
patrons & guides de toute vertu entiere & acom-
plie, ces bons peres ausquels jadis la bonté supreme a
si abondamment departi ses dons & graces diuines:
entre lesquels Ioseph, le bien aymé filz de ce grand Pá
triarche Iacob, par sa pieté & reuerêce enuers Dieu,
debonnaireté à l'endroit de tous, loyauté & preud'ho
mie tient meritoirement son lieu commé celuy qui a
mis tout soin & diligêce à se garder d'offenser son cre
ateur en manière que ce fust. Et pourtát ayant deliberé escrire quelque chose en ma l'angue maternelle
Françoyse, pour le proufit & instructiõ de la jeunesse
studieuse d'icelle, & voyant desia bon nombre de Col
loques & Dialogues, voltiger par les boutiques des li
braires, il m'a semblé bon traduire de Latin en Frã-
çois aucunes Comedies extraictes des sainctes Escritu
res & composées par personnages doctes, ou sont en-
tremeslées & comme tissues plusieurs belles & gra-
ues sentences tant des sainctes Escritures, cóme d'autres autheurs de saincte & bóne vie. A fin que par
mesme moyen & tout d'vn train les jeunes gês eus-
sent

sent de quoy aprendre & le langage & les meurs cõme la presente de la captiuité c'Ioseph. A laquelle
auons außi adiousté tout d'vn suiuant la Comedie
de l'Enfant Prodigue tirée semblablement de la sain
cte Escriture, à ce que les vertuz de l'vn opposees
aux vices & faicts pernitieux de l'autre, acquierent
tant plus de lustre & de grace, & à l'opposite, que
les pechez & crimes ou ce dernier se plongea par
maniere de dire jusques aux oreilles, conferées aux
vertuz excellentes du diuin Ioseph, se monstrent de
tant plus hideus & horribles, sans m'arrester à respõ
dre à ceux qui pourroyẽt alleguer que ce n'est qu'vne
similitude lesquelles deux Histoires & le labeur que
nous auons pris à la traduction d'icelles (comme chose
à vous pieça vouée & suiect assez cõforme & appro
prie a l'aage ou vous estes, joinct außi que le Seigneur a mis en vous bonne partie des graces, dont ce
sainct personnage Ioseph est tant recommandé) nous
vous dedions & presentons, vous priant que selõ vo
stre courtoisie acoustumée, les veuillez prendre en
bonne part. Apres auoir supplié le Seigneur
qu'il vous accroisse en toute prosperité.
A Anuers ce x v. d'Auril.
1 5 6 4.

A iij   LES.

ARGVMENT.

Vn pere deus enfans auoit,
Auquel le ieune demanda,
Le bien qui luy apertenoit,
Regir a part soy le vouloit,
Et le pere luy accorda.

Quand il eut en gouuernement
Or & argent a toutes mains,
Il vesquit prodigallement
Despensant le sien follement
En yeux & passetems vilains.

Courtisannes le despouillerent
Quand il eut despendu son bien,
Tout desconforté le laisserent,
Puis du pouure homme se moquerent,
De les hanter onc ne vint bien.

Ainsi en region lointaine,
Apres plaisirs eut des grands maus,
Et fut contrainct de prendre peine,

Loué

Loué fut & l'estat qu'il meine
C'estoit de garder les porceaus.

Le pere ioyeux du remors,
De son filz fit tuer vn veau,
Haultbois fit sonner & accords,
Car son filz mort par pechez ords,
Est resuscité de nouueau.

Le filz aisné du labourage
Reuint qui la feste escouta:
Il en eut dueil en son courage,
Mais le pere par beau langage
En la par fin le contenta:

A iiij

LES PERSONNAGES.

Pelargus pere
Eubullus conseiller
L'enfant Prodigue
Philautus conseiller de l'enfant prodigue
Pamphagus truand
Sannio macquereau
Sirus seruiteur de Sannio
Bromia seruante de Sannio
Lais courtisanne
Sira seruante de lais
Chremes laboureur.

SCENE PREMIERE DE L'ACTE PREMIER.

LE PERE. BON CONSEIL.

LE PE. **OR** maintenãt sen-je bië, quel bon-
heur & quel repos c'est d'auoir enfans qui en
toutes choses soyët au Pere abeissans. De moy
tant que j'ay peu gouuerner à mon plaisir mõ
filz puisné, qui estoit si bien conditionné, qu'en
luy n'y auoit que redire, alors viuoy-je en
grãd repos & seurté, qui plus est, j'auoys vne
grand' liesse en moymesme, d'auoir vn filz
doüé d'vn si gentil esprit, & si parfaite hone-
steté, du quel je me peusse promettre vne j'oye
perpetuelle & stable à tous-jours. Mais main
tenant que sa faintise & simulation est decou
uerte, & qu'il a demontré apertemët sa mau
uaistié, voire qu'il ne cesse de me prier & crier
apres moy, que je l'emancipe, ô bon Dieu ce
que j'en pense! & combië de choses me tiennët
aus angoisses, combien je crain que de la il ne
se face vne ouuerture à toute mechanceté, &
que de la liberté ou il est, il ne se rende serf de

A v   pe-

peché, en reiettāt par sa folie, l'obeïssance qu'il
doit à moy son pere, ce de quoy jamais ne me
fusse douté. C'est bien ce qu'on dit commune-
ment, la disette se porte beaucoup mieus que
l'abondance:car celle ci en retient plusieurs en
leur deuoir, mais cette autre a induit mõ filz
à fierté & arrogance, d'autant qu'il ayme
mieus estre çà & la vagabond à son plaisir,
que d'estre plus desormais doucement nourri
& entretenu au girõ de son Pere, ha ma foy,
il ne sait pas combien est prochain le mal qu'il
se brasse. Mais quoy? laisseray-je ainsi en aller mon filz, le quel j'auois destiné heritier de
mon regne? peut estre que Eubulle mon conseiller n'en sera pas d'auis du quel j'ay tous-
jours trouué le conseil proufitable.

EVBVL. Ie ne puis faire autrement) pourtant
que tel est mon naturel) que je ne me mette
en tout deuoir pour l'amour de mon ami Pelargus auquel je suis conjoinct comme à Her
culle vn sien Thesée, & ce principallement
pour vne semblance & conformité de meurs,
laquelle tout ainsi qu'elle est entre nous bien

accor-

accordante, auſſi faut il qu'elle engendre entre nous vn amour mutuel. Et de la auient
que je ne laiſſe paſſer jour aucun, que je ne
luy preſente mon ſeruice, c'eſt vers luy que je
m'enuay maintenant.

PELAR. Qui eſt celuy de qui il me ſemble auoir
ouy la voix? N'eſt-ce pas Eubulle? c'eſt luy
meſme il vient tout à temps. Eſt-ce toy que je
voy Eubulle mon-ami de moy à preſent tant
deſiré?

EVBV. Ehe dites moy je vous prie qu'aués vous
à eſtre tant triſte?

PELAR. Le mal qui ainſi me rend angoiſſeus,
n'eſt pas ſimple ne leger.

EVBV. Qui a il donc?

PELAR. Rien qui ſoit mon ami.

EVB. Que ne me le dites vous?

PEL. N'aués vous rien ouy de mon filz?

EVBVL. A quoy pretent il? que veut il faire?

PELAR. Il ſe veut etranger de la maiſon de ſon
pere.

EVB.

EVBVL. *Voſtre filz? eſt il poſſible?*

PELAR. *Mon filz.*

EVBV. *Qu'eſſe que vous me contez?*

PELAR. *C'eſt mon puiſné qui m'emeut cette tra gedie, que pleut à Dieu qu'onc n'euſt eſté de moy engendré.*

EV. *Ne parlez jamais ainſi. Mais dont luy eſt venu ceci en fantaſie? ſi ce n'eſt qu'il ait reçeu quelque mal traictement de vous?*

PEL. *A mon amy, c'eſt bien au contraire, je ne crains ſinon qu'il à trop eu ſes debeaus.*

EV. *Comment?*

PE. *Ie le vous diray: M'eſtant ceſtuy-ci né, je l'ay eſleué des ſa jeuneſſe, je l'ay tenu aymé, cheri cõme miẽ qu'il eſt, je pren en luy mõ plai ſir, je ſuis ſoigneus de ſon ſalut, je fais tout ce que je puis faire, pour le cuider auancer, j'adõ ne tout mon ſoin & eſtude à ſon proufit, fina lement je le couue & choye comme vne nour-rice ſon enfant treſcher, de maniere qu'onc-ques ne ſ'en alla ecõduit de moy: tout ce qu'il a oſé ſouhaitter, il la eu, ſ'il a voulu vſer de mes biẽs il l'a peu faire, ſ'il ſ'eſt voulu pomper*

& marcher brauemēt, il en a eu la liberté, voi
re & d'apliquer sa fantasie & mettre la
main par tout ou bon luy a semblé, seulement
luy ay enchargé qu'il ne se rebellast contre
moy, luy commandāt de m'estre en cela obeïs-
sant. Or apres que par luy auoir monstré tant
bonne affection je pense l'auoir rendu suiet &
obligé à moy pour tout l'auenir, il est auenu
qu'il s'est faché d'vne telle & si bonne condition, & de la est venu à cercher les moyens
pour s'emanciper de moy, & ce gentil Philau
tus luy montre la voye pour ce faire, luy donc
ayant premier pensé à son cas, s'en vint de la
tout droit à moy : hau mon pere dit il, vous
voyez l'aage ou je suis: I'ay asses esté sous vo
stre conduitte, j'ay asses bon jugement, j'ay
l'entendement vigoureus, je veuil experimen
ter mes forces. Quoy, que je suys à tel aage
encores sous la seruitude de mō pere? c'est vne
grande folie, mes compaignōs & egaus, & qui
sont de mon estat, s'eiouissent passé long tems,
dont ilz ont abandonné leurs peres, l'iniustice
desquelz est trop grieue à porter aus enfans.

Ie

Ie ſuis de moymeſme aſſés ſage, & n'ay que faire de gardian. Et pourtant je veuil que partage me ſoit faict de ce qui m'eſt d'eu, & qui m'apertient, ſi ce n'eſt que ne vous ſentiés redeuable à aucunes loix, tel eſtoit ſon propos l'amentable.

EVBL. C'eſt aſſés arrogamment parlé. Qu'elle reſponce luy fites vous?

PELAR. Au premier je perdi la parolle comme vn homme eſtonné, apres eſtant reuenu à moy. T'ay-je eſté (luy dy-je) ſi inhumain ou cruel, que par ma rudeſſe tu ſois debouté hors? Ie croy que tu te laſſes d'eſtre à repos, de la auient que tu te mecontentes de toy meſme, & te fache la condition preſente la ou tu es, tu demãdes ton partage & t'en veus aller au haut & au loin, garde toy bien, que d'autant que cela t'eſt agreable, d'autant ne te ſoit il domageable, car l'ẽtrepriſe fait à háte, amene volontiers quant & ſoy vne ſoudaine repentance: Ie n'ay point faute d'exemples pour te prouuer mon dire, mais ſi tu n'ecoutes ton pere, pourneant orras tu les exemples. Mais qui
eſt

est celuy si outrecuidé qui s'est ingeré de
re gatter & debaucher ainsi? ô je suis biẽ abu
sé si ce n'est Philautus, qui a esté ton conseiller, c'est luy qui a mis le feu aus etouppes,
vrayement c'est vn gentil souffleur, au moins
s'il t'enhorte à bien faire, luy qui te met de
tranquillité en peril & naufrage, le dãnable,
qui d'autant plus qu'il cache & farde son ve
nin, d'autant est il plus nuisable. Mais mon
Dieu qu'elle Sirene blandissante est Philautus par deuant, mais par derriere tu sentiras
l'aiguillõ d'vn dous venin, suis t'en loin arrie
re de là mon filz, au moins si tu as quelque
soin de ton salut, voyla en substance les propos que je luy tins.

EVBVL. Et bien quoy ne fut il pas ap-
paisé?

PELAR. Il y a bien a dire: tout au contraire
commença il de la en auant à poursuiure son
droit, de plus belle, & reclamer les bõnes loix,
par lesquelles ilz debattent, que ceus qui
sont hors de page, sont aussi hors la puissance
de leurs peres.

EVB.

EVB. *Mais comment vous acordátes vous à la par fin?*

PELA. *Il n'y eut rien accordé, seulement luy respondi-je que je vouloys deliberer d'auentage sur cette affaire. Et maintenant que me conseillés vous estre bon de faire en ce cas? Eubulle mon bon amy.*

EVB. *Ie le vous diray, tout premier puis que si obstinéement il s'appareille à la fuitte, ayez souuenance de ce qui à esté veritablemẽt dit par les sages. Si tu retiens vn homme maugré luy, vous l'incités dauentage à s'en aller. Laissés le seulement faire à sa poste, à fin que quand il viendra a se cognoistre, il aperçoiue en combien de maus il est encouru par son outrecuidance: par apres s'il viẽt a acourir sous vostre aile, & que en s'humiliant vers vous, luy faciés grace, je vous asseure que le vous rendrez plus obligé qu'auparauãt il n'a esté, s'il aperçoit quel support est vn pere à celuy qui quelquefois se remet en bonne voye, à fin que je ne die que voStre bonté en sera par ci apres beaucoup plus recommandable, s'elle se*

de-

demonſtre douce & amiable enuers ceus qui
ne la meritent.

PELAR. Quoi, eſtés vous donc d'auis que je luy
baille argent pour ſ'en aller?

EVB. Cela ſ'entend.

PEL. O l'homme rude!

EVB. Le cas meſme le requiert, la raiſon & les
droicts communs. C'eſt vn faire le faut.

PEL. Quoy n'ay pas loy de luy raualler ſa petı
lance?

EVB. Il n'eſt pas neceſſaire que vſies en tout de
la puiſſance que vous auez. Laiſſez le plutoſt
en aller.

PEL. Puis qu'ainſi vous le voulez je le feray, &
plus croiray à vous qu'à mon courage.

EVB. Mais ecoutez vn peu beau Sire, ne veuil-
les rudement traicter voſtre enfant, tant ſeu
lement tancez le amiablement, & lamonétez
bien auſſi des dangers d'ont il faut qu'il ſe
garde.

PEL. Ie n'y faudray pas, je m'enuay ſans plus au
contoner atendre ſon retour. Que deuiendrés
vous ce tems pendant?

B

EVB.

EVB. *Ie vay à la maison.*

PELA. *Quoy, ne ferés vous pas ce dont je vous ay prié?*

EVB. *Qu'est ce qu'il vous plait?*

PELAR. *Que je ne sois longuement priué de vostre conseil.*

EVB. *Ho, c'est bien dit, comme si je vous eusse jamais fait faute.*

PEL. *Bon Dieu qu'il y a de sagesse en cest homme la, & comme il prenoit bien toutes choses, on diroit que c'est vn Ianus qui regarde à deus cotez, tant bien il regarde aus choses futures. Or de son conseil combien qu'il me viēt au contraire, toutesfois peut estre que ne me repētiray point de l'auoir suiuy. Maintenāt puis que le jour est venu, lequel j'ay prefix à mon filz, je m'en iray dresser mes comptes.*

SCENE DEVXIESME DE
L'ACTE PREMIER.

L'EN.

L'ENFANT PRODIGVE.

PHILAVTE.

L'EN. SI je ne suis grandemēt trompé tout no
stre cas se portera bien.

PHI. Mais je doute comme tu pourras suppor-
ter la violance & faconde de ton pere.

L'EN. Moy? Ie pousseray mon cas en auāt d'vn
courage asseuré.

PHI. Dōne toy bien de garde de te laisser rabrou
er par ses termes seueres.

L'E. Rabrouer! j'ay bien etudié mon rollet, je ne
craindroy pas l'abord de trois bons orateurs.

PH. Aussi croy-je que ton pere a asses deliberé de
ton affaire. Auise bien à ce qu'il te respondra.

L'EN. Ie l'iray trouuer.

PHI. Or auāt ayez bon courage, va ou ta vertu
t'apelle, marche heureusement. Ie m'esbay s'il
viendra à bonne fin de son intention, ou je suis
bien trompé ou il sera debouté de sa cause, tāt
son pere rejette au loin mes raisons, parquoy
je suis en debat auecques luy par vne haine
fatalle.

L'E. Mon ami Philaute. Ho Philaute mō amy.

B ij

PHI.

PHI. *Qui est ce qui m'apelle?*

L'EN. *Le cœur me commence deja a tressaillir.*

PHI. *Hem qu'ia il mon gentil Prodigue?*

L'EN. *Mon pere est assis au contouer, calculant son reuenu à mon auis, car j'ay ouy le son de la cliquaille ainsi que jescoutois tout bellement à la porte de nostre maison.*

PHI. *Il va bien, fourre toy hardiment la dedans ou est ce veillart, je t'atendray en ma maison.*

SCENE TROISIESME DE
L'ACTE PREMIER.

L'ENFANT. LE PERE.

L'EN. *Maintenãt cuide-je entendre qu'il en auiendra, jamais mõ pere ne me donnera argẽt que premier il ne m'amoneste que je ne la depende trop à l'abandon, que je ne la perde & gapille mallemẽt tout mon auoir, cela sau ra il biẽ faire d'vn visage seuere, tãt il craint que mal ne m'auiẽne, mais il ne sait pas cõme il parle à vn sourd, touteffois j'auiseray de*

luy

luy biē respondre, parlant tout autremēt que
je n'ay en pensée de faire, entre tant que mō
vieillart me comte argent. Ainsi faut il abu-
ser ces peres, qui nous sont trop rigoureus con
trerolleurs: ainsi va leur puissance à decaden-
ce, laquelle ilz establissent plus par force que
par beneuolence, à fin que je soye à tous agrea
ble par le nom de bien conditionné lequel mon
pere a voulu que je portasse, Philautus m'en
a baillé vn bien plus sortable, & conuenable
a mes meurs. Ie m'esiouis d'estre prodigue &
d'estre ainsi appellé, mais c'est assés tardé, je le
veus aller trouuer. Voy me ci pere pour ouir
qu'elle responce me donnerez. Est-ce pour me
faire ma part, que vous faites si soigneusemēt
voz comptes?

PEL. Tout ainsi que tu le deuines filz.

L'EN. Ie vous en ayme grandement, & vous re
mercie du soin que prenez pour moy.

PEL. Dieu veuille que ce soit à ton salut.

L'EN. Si serace mon pere, n'en ayés doute, mais
combien est-ce que vous me donnerez?

PEL. As tu le cœur tant adonné à la pecune?

B iij   que

que tu ne puiſſes dompter ton apetit, tien toy
tout aſſeuré filz que ſi tu ne te taiſe je retireray les geĉz.

L'E. Biẽ, bien mon pere pourſuiuez je vous prie.

PE. Que je pourſuiue ? ne me viẽ point icy trou
bler mauuais garnement, retire toy vn peu
d'ici juſques à ce que je t'apelle.

L'EN. Ie le feray. Ho quay-je fait, maintenant
ſuiſ-je en grande crainte qu'il ne me baille
pas autãt qu'il auoit deliberé, ou biẽ pourtãt
qu'il eſt auare, ou pourautãt qu'il eſt courrou
cé. Sot que je ſuis, ne pouoy-je gentilemẽt trai
ĉter le courage de mon pere lequel je deuoy biẽ
ĉognoiſtre eſtre tant aiſé à courroucer ?

PE. Aproche toy de moy mon filz. Or me di
maintenant lequel des deus tu as deliberé de
faire, ou biẽ demourer ceans ſous ma tutel-
le & ſauuegarde, ou de t'en aller voir les païs
entranges? ſay que tu me reſpondes ſagemẽt.

L'EN. Pere, j'ay le cœur à voir les païs.

P. Vrayemẽt tu es biẽ d'une mauuaiſe affaire: Et
ſi tu te laiſſois gangner par mes prieres, pour
demourer à la maiſon & jouir à touſ-jours

de

de mes biens, qu'y perdrois tu en ton auis? je
t'asseure en verité que jamais en lieu qui soit
hors ton païs.

L'EN. Ie le croy bien, mais il me faut departir, je
l'ay ainsi arreté, supportez moy.

PE. Ne puis je à toy si doucemēt parler filz, que
tu changes tón courage?

L'EN. Vous perdez tems pere, plutost essayeray-
je qu'il se pourra faire par justice, & ne vous
en deplaise pere, si de vostre bon gré je n'ob-
tiens ce que de vous je pretens.

PE. Puis que je te voy ainsi opiniatre, que de
rejetter mon joug lequel est amiable, or ça
je ne veuil point debattre auec toy, tien cette
ceinture qui contient dix talens, c'est l'egalle
portion de ta substance. Qu'as-tu a estre si
joyeus mon filz? ah tu ne scais de quoy tu
t'esiouis. Croy moy de ceci si jamais je
t'ay donné bonne amonition, tu ploreras
plus amerement que temerairement ne
fais cette folle entreprise. Ie cognoy trop
bien le tems qui court, & quelles meurs à
present regnent, d'autrepart je te cognoy bien

aussi & quel naturel tu as . Si tu as vaincu
ton courage plutost que t'estre laissé vaincre
à iceluy, je suis content que tu t'eiouisses,
mais pourtant que j'aperçoy en toy le contrai
re, je ne me puis tenir de deplorer ta folie, &
que ton depart ne me soit deplaisant.

L'EN. Ie vous supply mon pere, ne vous tormē-
tez point pour l'amour de moy, je ne vous en-
gendreray nulle facherie.

PEL. Pleut à Dieu.

L'EN. Ie vous asseure. Vous plait il autre chose
mon pere?

PEL. Ha enfant tu ne puis durer pres de moy,
je voy que les pieds te demangent, tu brulles
que tu ne t'enfuis. Mais si premier que te mettre à chemin, tu reçois de moy ces preceptes,
beaucoup de biens t'en demoureront. Premie
remēt auise que tu n'abreuue ton esprit d'au
tres meurs & façons que celles que tu vois en
moy, regle toy par moy, qui ne fay rien dont
je me doiue ou puisse repētir, je ne veuil point
que tu sois sujet à ton vouloir, mais que plutost tu l'aye suspect. Garde toy bien de laisser

mes

mes commandemens pour suiure mauuais con
seil, & pour abreger retien ces miennes amoni
tions comme vne regle, selon laquelle tu ordō-
neras tes meurs ta vie & ton esprit, en icelles
souuent penseras & rumineras, & les reuol-
ueras souuent en ta pensée, que ton œil y pren
ne sa visée comme a vn certain but, qu'ils te
soyent comme vne pierre de touche pour t'e-
prouuer, à fin que tu puisses te cognoitre interieusement : car saches qu'en te detournant
d'icelles ou de fait ou de pensée, tu auras fait
vn grand' peché.

L'EN. *Vous plait il autre chese pere?*

PELAR. *Que tu t'en voise en la garde de Dieu à
tous-jours.*

L'ENF. *A Dieu vous di donc mon pere.*

PE. *A Dieu, A Dieu te di mon filz, A Dieu
te di pour jamais. Quelle misere est cecy, ô
Dieu immortel! que ce que j'auoye si cher en
ce mōde, se departe ainsi de moy, ah quel dueil
tu me prepares, que de chagrin tu apportes à
ton pere, dont tu prens bien petite part, tu as
à ton depart ordonné de ton cas, ah tu ne sais,*

B v   tu

tu ne ſais quelle fin ſortira de ton entrepriſe. En verité je m'emerueille bien dont vient
cela, que jaſoit que mon filz m'offence grāde-
ment, touteſſois je ne puis tenir mon cœur cō-
tre luy. Mais veu l'eſtat ou je ſuis, & le
portement des choſes, pleut à Dieu que je
peuſſe auſſi l'oublier comme il m'a fait, ô
grande folie, il me defuit tout de ſon gré,
c'eſt par ton conſeil & par ton faux & mechant conſeil Philaute que je ſuis abimé en
cette calamité, ô grieue douleur.

SCENE QVATRIESME DE L'ACTE PREMIER.

L'ENFANT PRODIGVE. PHILAVTE.

L'EN. Âт il homme viuant plus heureus que
moy? y at il celuy qui à bon droit ſe puiſſe
mieus dire le mignon de fortune que moy? à
qui toutes choſes ſont venus à ſouhait.
PHI. Qui eſt ce qui icy ſe vente d'eſtre heureus?
Ho, aſ-tu de l'or enfant?

L'ENF.

L'EN. *Demandez tu s'il couppe? regarde comme*
cette ceinture est enflée.

PHI. *Ho ho, combien de mille ducats?*

L'EN. *Six.*

PHI. *Hau, si grosse somme d'or?*

L'EN. *Si grosse.*

PHI. *Dont vient ton pere à estre si large?*

L'EN. *Pourtant que je le menoye finement, sans*
qu'il entendist la ruse.

PHI.   *O gentil galant je te prise, va, car tu as*
aujourd'huy prins par force vne forte forte-
resse, que reste il à faire, sinõ que nous allions
triompher la dedans?

L'EN. *Ie suis de ton auis.*

PHI. *Mais quel liure as tu icy?*

L'EN. *C'est le gage que mon pere me laissoit.*

PH. *Fi, c'est la Bible, arriere arriere, entens à soi-*
gner de tes affaire, sçauoir en quelle maniere
tu ordonneras de ton voyage. Si tu te veus
mettre aus chams, il n'y a pas autre liure qui
nous soit plus ennemy que cestuy ci, je t'au-
ray tantost mis autres enseignemens au cer-
ueau.

L'EN.

L'EN. *Touteffois mon pere ma eſtroitement deſfendu, que jamais ne l'abandonaſſe.*

PHI. *Ce ſont contes, laiſſe le là, que n'entrõs nous là dedans?*

L'EN. *Ne ſay que dire, il ſera tantoſt fait.*

SCENE PREMIERE DE
L'ACTE SECOND.

CLAQVEDENT.   GALIFRE.

CLA. *PAr bieu je ſuis bien miſerable, dont il me faut pourchaſſer la repeue, & a peine puiſ-je rien rencõtrer, j'etrangle de faim, j'ay le ventre plat comme vn ais, les trippes me groullent, ſang bieu les dents me demangent, il n'y a homme ſi alteré du goſier que je ſuis, ne ſi matte de faim, les dents que j'ay toutes rouillées, les leures palles, demontrent que la faim m'aſſaut, parquoy celuy feroit bien vn grand miracle pour moy, qui me voudroit apaiſer cette pance brayarde. O comme à cette heure je deſireroy renconter quelqu'vn qui entendiſt l'art d'ecorniſlerie, duquel je me*

peuſ-

peuſſe acointer, puis que tout ce que j'auoye
ſ'en eſt allé en poudre & fumée. Ie me fourre-
roys hardiment dans vn ſourchaut pour hap
per vn pain. O fortune comme jamais tu n'es
en vn eſtat perdurable. Mais n'eſt ce point la
Galiſſre, auquel de ma grace j'ay autreſſois
tant fait de plaiſirs? c'eſt luy meſme.

GA. Qui eſt ceſt homme incognu que je voy la
arreſté? c'eſt claquedent, ceci fait il contre ſa
couſtume, ſi me faut il luy donner le bon jour,
& deuiſer vn peu auecques luy, ô Dieu te
gard, tu ſois le bien venu homme de bien.

CLA. Galiſſre mille bons jours & plus te doint
Dieu.

GA. Quel vent t'ameine par deça? vien tu faire
prouiſiõ au marché de venus? cela eſt l'offici-
ce des Happelopins.

CLA. Ie le ſay biẽ, mais je ſuis reduit à tel point,
qu'il me faut paſſer en voſtre confrerie.

GA. Qu'eſſe que tu me contes? que tu veux eſtre
de noſtre eſtat?

CLA. Ainſi le veut la fortune.

GA. Mais il n'eſt pas honneſte d'abaiſſer ainſi

ton

ton eſtat.

CLA. Soit comme il pourra eſtre. Neceſſité n'a
point de loy.

GA. Ni à il plus que frire?

CLA. Bien quelconque, j'ay tout fricaſſé.
Et pourtant ne m'oſant trouuer entre gẽs, je
me tiens caché à l'hoſtel ou j'ay eſté vn mois
entier beuuant du vin pouſſé, mangeant de
grand' apetit le pain bis, je grince les dents de
faim, viuant de l'air comme les cameleons, miſerable que je ſuis.

GA. O que je ſuis heureus qui oncques ne fus
aſſailli de la faim, qui comme les ſouris ſuis
acouſtumé à manger du chanteau d'autruy.
Quoy n'es tu pas en grand ennuy de te voir
en vn ſi piteus point?

CLA. Il ne m'en feroit point tant de mal, ſi je
pouois eſtre vn de voz confreres.

GA. Peut eſtre te ſeroit il permis, ſi tu pouois cõ-
prendre l'art.

CLA. J'en fairois tout le poſſible Galiſſre, le
ventre qui eſt le maiſtre de l'eſprit & qui le
reueille, m'aydera biẽ à cette entrepriſe, mais

je

je doute ſi ſera auec bon-heur , hem , entens à
moy, comme tu fais le long, recoy moy hardi-
mēt pour eſtre paſſé maiſtre en voſtre college
d'ecorniſlerie, enleue moy, puis que je ne ſçay
aucan meſtier pour viure en l'ombre & garder la maiſon.

GA. Hau vn tant digne office ne ſe doit pas ain
ſi traicter de mains pollues.

CLA. Quoy, n'eſt il pas aſſez net à qui les dents
claquent de faim ?

GA. Il faut tout premier que tu faces ton apren
tiſſage, & que faces ton chef d'œuure, puis
quand l'aſſemblée ſe faira tu ſeras enrollé des
noſtres triomphamment, ſi bon te ſemble.

CLA. Ie te ſuppli qu'à telle condition tu me re-
coiues pour ton aprenti, auquel j'ay ſuruenu
au tems de ma proſperité, ſi tu n'as perdu la
ſouuenance des plaiſirs que je t'ay faicts.

GA. Moy que j'en aye perdu la ſouuenāce ? non
non je te reçoy au meſtier d'ecorniſlerie.

CLA. Par bieu beau Sire, je t'en remercie du fin
fons du cœur, qu'eſſe que tu veus que maintenant je face?

GA.

G A . Que soigneusement tu prennes garde à mes façons.

C L . Pour quelle raison?

G A . Il faut entendre aus afaires d'importance.

C L A . Quelles affaires d'importāce? jamais je ne m'en mellay, si ce n'est que tu appelles affaires de consequence, soigner de la panse.

G A . Cela s'entend.

C L A . Va ten faire à croire cela aus Catons & à ces sages seueres s'il y a en toy quelque eloquence.

G A . Qu'ils soyēt sages à leur fantasie, je ne leur porte point d'enuie: quant à nous, nous sommes sages en matiere de cuisine, par ainsi nous sommes Philosophes Esopiques de la faction duquel nous produisons supposts.

C L A . Sous quels Capitaines estes vous champions?

G A . Ce sont tous grands Seigneurs Epicure, Aristipus, les Catiens & Apiciens.

C L A . Voila de vaillans Capitaines, par ma barbe tu es vn grād docteur, je te prise, va. Mais retourne aus affaires de consequence.

G A .

GA. C'est bien dit, tu ne says pas que j'ay songé.

CL. Quelques mensonges.

GAL. Non pas à mon auis, car on dit que ceus
qu'on songe apres la minuit sont vrays, sauoir est quand nous sommes purgés.

CL. Ie t'enten, mais conte moy ton songe.

GA. Il me sembloit que j'estoys à vne table abon
dāte, laué & parfumé, tu eusses dit que c'estoit
vn soupper pontifical, là me fut dōné à boire &
māger à pleine anche, de sorte qu'il me falloit
dresser sur les ergotz pour attaindre au fest
des viandes, veus tu que je te die, il me sembloit que j'estoye vn Roy à qui de tous co-
stez affluoyent ces benoistes delices.

CL. Ce que tu contes m'est si-tresagreable, que
les dents & le ventre m'en fretillent, à peine
oseroy-je souhaitter veillant ce que tu songes en ton dormant.

GA. Outre ce, je ne scay quel bon presage me sig-
nifie vn maniement des dets, qui aussi m'est
apparu.

CLA. Hau que nous viendra ci conter ce son-
geart!

C   GA.

G A. *Quoy, cela ne te plaiſt il pas bien?*

CLAQV. *Ie crains que tu ſois vn mauuais de-*
uin.

G A. *Quoy, ne croy tu que ce que tu vois? va t'en*
au gibet auec ton incredulité, tu n'es pas dig
ne de jamais manger vne bonne ſois. ton
ſaoul.

C L. *Ie te prie ſaoule moy, ce ventre affamé de tes*
ſonges, ſ'ils ont en eus quelque efficace.

G A. *Tu te mocques encores.*

C L. *Ne riroy-je point, quand tu me montres des*
richeſſes en peinture au lieu des vrayes ? vne
belle folie vrayement.

G A. *Or bien ſoit vne folie, puis que ainſi te plaiſt,*
touteſfois tu pourras voir comme je ne ſuis
point vn ſotelet deuineur, lors que je deuien-
dray boutillier de quelque gros hanns, des ri-
cheſſes du quel je feray ſi bône prouiſion pour
la panſſe, comme ſi j'eſtois quelque grand
Roy.

C L. *Ie croy que ceſtuici ſonge en veillant. Gali-*
fre je prie que alors tu me mettes aus hon-
neurs.

G A.

GA. *Tu seras le plus proche de moy, mais que tu saches bien flater.*

CL. *Et ou me faudra il aller trouuer les statutz de nostre mestier.*

GA. *Demande tu d'ou? de ce parasite Gnaton de Terence, Prince des ecornifleurs.*

CLA. *La auroy-je bien besoin que tu fusses mon maistre, car nul ne naist ouurier. Ca, je me loue à toy. Or sus, fay monsieur le docteur.*

GA. *Ie ne veuil qu'il y ait personne present, mais nous irons derriere ce batiment, le lieu est assés seur, la te bailleray-je le fondement, fay que tu retiennes bien.*

CL. *Voy comme j'ouure les deus oreilles pour re-ceuoir cette doctrine.*

SCENE DEVXIESME DE L'ACTE SECOND.

PHILAVTE. LE PRODIGVE.

PHI. *ET puis Prodigue, ces enseignemens sont bien autres que ceus que ton pere te souloit dō ner, sont pas?*

C ij LE PRO.

LE PRO. Que me veus tu dire de mõ pere? c'eſt
vn langard, vn ſongeart, vn niais, ſoin pour
luy, tes propos me ſont trop plus plaiſans ami
Philaute, quand tu me dis, fie toy en toymeſme, & fay tout ce qui viendra en fantaſie.
Apuye toy ſur toymeſme, vſe de ton conſeil
propre, toute ton eſperance ſoit en toy, ainſi
viuras proſpere & bien-heureux. Ces regles
ſont trop auant fichées en mon cœur pour eſtre
ſi toſt oubliées.

PHI. Pourſuis cette pointe.

LE PRO. A Dieu Philaute mon amy.

PHI. A Dieu te di pour long tems. A Dieu.
A Dieu le treſbon & le treſgrand prodigue.

LE PRO. Si je diſoye combien Philautus me de-
tiẽt par la force & efficace qui eſt en luy, ame
ne le pourroit croire, tant je ſuis adonné à luy
& de tout mon cœur, dela vient que jamais
je ne ſuis deplaiſant à moymeſme, je laiſſe ai-
ſement paſſer ce que fais, & me plais aſſez en
mes faicts. Qui ne dira que je ſuis biẽ-heureux
de viure en ce point? Reſte que me mettant à
chemin je teſmoigne cette mienne j'oye par

vne

vne gaye chançonnette.

LE PRODIGVE CHANTE.

Sur le chant.
Laiſſez la verde couleur.

O heureus & plaiſant iour,
Face ioyeuſe & ſereine
Du Soleil, puis qu'en ſeiour
Ie pourray viure à mon tour,
Sans chagrin, ſouci, ne peine.

Maintenant gaudir ie veus,
Triompher a l'auentage:
A Venus aus blonds cheueus
Ie veus adreſſer mes veus,
Et luy preſenter homage.

Arriere contrerolleur
Puis que i'ay ietté arriere
Voſtre ioug plein de douleur,
Là on me dira le cœur,
I'adreſſeray ma carriere.

C iij Moy

Moy qui ay tant enduré
Des maiſtres en ma ieuneſſe,
Et tant de foys ſouhaitté
D'eſtre libre emancipé;
Ie le ſuis à grand'lieſſe.

Ieunes gens aprochez vous,
Feſtoyez telle fortune,
Soyez-en ioyeus treſtous.
Muſes auſsi en voz chants dous,
Chantez ma bonne auenture.

SCENE TROISIESME DE
L'ACTE SECOND.

GALIFRE. CLAQVEDENT.
LE PRODIGVE.

GA. *Qve te ſemble de tant belles inſtru-*
ctions?

CLAQV. *Par ma barbe, ce ſont excellens my-*
ſteres.

GA. *Retien les bien hardiment.*

CL. *Diligemment mon grand ami, tu trouueras*

que

que j'ay bonne memoire, mais di-moy, ou trou
uerons nous gibier pour faire proye? Ou est la
beste abatue que no? y acourios côme matins?
quant à moy je suis plus affamé qu'vn lou.

GA. Mais je te prie, n'as-tu plus souuenãce de ce
que tantost je t'ay dit quant au songe?

CL. Il m'en souuient bien.

GA. De la veus-je que tu aye bonne esperance.

CL. Quoy esperer quand il n'y a que frire.

GA. Atten attẽ, je ne te paistray pas tous-jours
d'esperance.

CL. Qui est-ce qui ne peut estre riche de promes-
ses?

GA. Ie te jetteray vn morceau en la gueulle, car
si je ne suis deceu en ma diuinatiõ, nous trou
uerons aujourd'huy vn maistre tel que nous
voulons, qui nous traittera magnifiquement,
tay toy je t'y semons, allons sur le marché.

CL. Que ferons nous la?

GA. Pour voir s'il est point venu quelques am-
bassadeurs ou estrangers.

CL. Il vaudroit mieus qu'alissions à la rou-

C iiij

tis-

tisserie, car jenrage de faim.

GA. Que tu es grossier, il est venu de la quelque
bonne odeur de proufit jusques à mon nez.

CL. Si tu repais ton ventre d'odeurs & songes,
pourquoy me laisse tu tant endurer de faim?

GA. Scais-tu qu'il y a, ne t'aten point d'auoir
part à la pesche, si tu ne me veus suiure.

CL. Ie te suiuray, voire jusques au font des abi-
mes, si tu me le commande.

LE PRO. Maintenant suis-je bien joyeus d'a-
uoir surmonté tant de facheus chemins, si sou
ci, arriere tristesse, puis que je suis paruenu à
bon port, je feray desormais à mõ plaisir tout
ce que bon me semblera, tout ce qui me viendra en fantasie je le diray & feray sans enque
rir d'auentage, sans qu'il y ait homme qui
m'empesche de faire & dire tout ce que beau
& bon me semblera, ainsi qu'à faict mon pere
jusques à present, duquel je me suis banni de
mon gré, à fin qu'il ne me soit plus contrerolleur, outre je procureray que quelque part que
je passe on me face reuerence, qu'ils me met-
tent les mains sur les epaules, me menent ban

que-

queter, finalement que je viue en perpetuelle
joye & liesse. D'auëtage à force d'or & d'ar
gent j'en allieray plusieurs auec moy. Ainsi
regneray-je comme vn trespuissant monar-
que. Quoy, ne suis pas gentilhomme issu de bõne maison & noble race? non non, je ne cede-
ray à nulluy, n'y mesme aus plus puissans,
puis que Philautus mõ grand'ami m'a mon-
tré toutes les voyes de bien & mal, lesquelles
je scay sur le doit, mais je voudrois bien main
tenant rencontrer quelque bon & amiable
qui me traictat sur le haut du cœur, qui suis
personnage qui le vaut en toutes manieres,
que chascun m'offrent tout à souhait. O s'ils
sauoyent qui je suis, tous acourroyent à moy
à la foule, routisseurs, cuisiniers, patissiers,
parfumeurs, le fruitier, le pescheur, l'oiselleur,
le vaillant rufian auecques sa denrée.

GA. Claquedent qui est-ce que je voy la venir de
loin?

CL. Ie ne say, si ce n'est quelqu'vn qui vienne au
marché, c'est vn voyager estranger, il est bon
à voir.

C v

GA.

GA. Cela va bien, je m'atens que nous aurons moyen de luy aprester vne amorce. C'est maintenant qu'il me faut deployer toutes mes ruses.

CL. O Galifre mon ami, il a vne malette.

GA. Vne malette? dis-tu?

LE PRO. Mais je ne voy ici personne.

CL. Oys-tu ce qu'il dit?

GA. Il demande d'estre cognu.

LE PRO. Mais je suis en graud pensement ou c'est que me retireray.

GA. Il cerche logis.

CL. C'est vn douillet à voir ses façons, contenances & maniement.

GA. C'est vne proye digne de nous, c'est le gibier qu'il nous faut, je me joindray à luy par derriere.

CL. Et moy de quoy seruiray-je?

GA. Que tu sois faict au badinage, à fin que par la tu aye honeste place en nostre compaignie. Gentil Seigneur, personnage illustre, Dieu vous maintienne en bonne santé.

CL. Monsieur je prie Dieu qu'il vous acroisse

en

en toute j'oye & prosperité.

GA. Il faloit dire gentil, magnifique noble, Seigneur, retien cela.

LE PRO. Et à vous aussi, Dieu vous maintienne en j'oye.

GA. Nous vous remercions tresaffectueusemēt
de si grande humanité que nous monstrez:

CL. Parbieu Sire, on cognoit bien à vostre habit
que vous estes de bonne maison.

GA. Mais qu'il ne vous deplaise, quel vent vous
meine en ce quartier?

LE PRO. La tempeste de mes affections m'a jecté
en ce lieu.

GA. Et ou s'adressoit vostre chemin?

LE PRO. Ce m'est tout vn ou, mais que je puisse
viure à mon plaisir.

GA. Quant à cela, vous en aués icy la meilleure
commodité du monde, & si veuil bien que
vous sachez qu'en cette ville y a mignões &
godinettes de toutes sortes.

CL. Ici y a bonnes hoteleries, sucriers, apoticai-
res, & droguistes sont logez en ce quartier.

G. Aussi naurez vous fautes de musiciēs s'il vo⁹
en

en plaiſt.

CL. *Vous aurez ici tout le paſſetems & lieſſe que pourriez ſouhaitter.*

LE PRO. *Par le ſang de moy, à ce que je voy je ſuis ci arriué à la bõne heure, pour gaudir & faire bonne chere. Or je vous diray mon nõ.*

GA. *Comme vous nomme on Seigneur ?*

LE PRO. *Le prodigue.*

GA. *Voila vn nom fort conuenable.*

CL. *Vous eſtes des noſtres.*

LE PRO. *Des voſtres ? je ne demãde pas mieux, j'en ſuis treſ-joyeus, mais n'y a il nulle eſpe-rãce d'obtenir par deça quelque principauté?*

GA. *Ouy dea Seigneur, car en premier lieu, cette beauté excellente qui reluit en vous, eſt bien plaiſante à vn chaſcun, d'auentage ces meurs tant honeſtes, ce gentil naturel, l'ornement & grace de bien parler que vous aués, demon-trent aſſés que vous eſtes de bon lieu venu.*

CL. *De puis la teſte juſques aus pieds, il n'y a rã en vous qui ne ſoit plain de beauté naiue.*

GA. *Quãd de plus pres nous vous contẽplõs, nous aperceuõs vne maieſté d'iuine reluire en vous.*

LE PRO.

PRO. Il n'y a rien qui soit en moy, qui de
tout le monde ne soit prisé & aymé, je triom
phe, je domine, quoy?

L. Le niais, la beste il n'entend pas qu'on luy
donne la baste.

A. O la morbieu, il faut bien qu'il soit Roy.

L. C'est bien dit puis qu'il est doué de tant d'ex
celentes vertus.

E PR. Si vous sauiés que je porte de bõ quãt-
et moy, vous aurez matiere de bien dire d'a
uentage, cela say-je bien.

A. Que seroit ce?

L. Ca donc, cõtes nous toutes voz vertuz pour
estre de nous honorés selon voz merites.

E PRO. Sus dõc soupesez cette bougette pleine
d'or.

L. Qu'esse qu'il nous conte? à il de l'or?

A. Ouy il en a.

L. Si ne sauez la louange de l'or, je suis bien hõ
me pour vous l'aprendre.

E PRO. Or la donc.

L. L'or est la plus grande felicité que les hom-
mes sauroyent auoir, c'est ce qui vous faict
sem-

semblable aus Dieux, quiconque l'a en sa pos-
session, tout aussi tost deuiet il honore noble
excellent, outre peut estre vn Roy tresexcel-
lent.

LE PRO. Par Iupin cette doctrine est toute con-
forme à celle de Philaute, A quoy tient il que
je ne me fais apeler Roy?

CL. Tres-haut & puissant Roy, que ne nom-
mez vous pour voz vassaus.

LE PRO. Ie vous recoy à foy & homage, voila ce
que vous tiendrés de moy.

GA. Maintenant suis-je du tout au commandement & seruice du Roy.

CL. Et je me rends du tout à son seruice. Par
ainsi regnera le borgne entre les bigles, & qu'il
fera bon voir cela.

LE PR. Que faisons nous ici debout? pourquoy
nous tenons nous ci plantez à jeun, que ne allons nous banqueter?

CL. I'ay pieca le cœur à la cuisine.

GALIF. Quand il vous plaist je suis tout
prest.

LE PRO. Ou mettrons nous couteaus sur table?

GA.

GA. *Ie vous adresseray vn bon hoste.*

CL. *S'il est aussi homme de bien que toy il souf-*
fira.

GA. *Mais dites moy Seigneur, de quoy acheteros*
nous la prouision?

LE PRO. *C'est bien auisé pren c'est argent & me*
fay apareiller vn soupper, comme pour vn
pape.

GA. *I'y donneray ordre Seigneur.*

LE PRO. *Outre je veus que nostre festin soit*
garni de pain, vin, toutes bonnes viandes, &
de belles trognes.

GA. *Vous plaist il pas qu'on face venir les jo-*
ueurs de hautbois?

LE PRO. *Ouy dea.*

GA. *Ie m'enuay tout courant à la boucherie. Et*
Claquedent escoute, conduis nostre Roy en la
maison du rustre, mais non pas sans le dechar-
ger as-tu ouy?

CL. *Ouy bien.*

LE PRO. *Ou est le logis de nostre hoste?*

GA. *A la rue de Venus.*

LE PRO. *Il va bien, porte recy.*

CL.

CL. *O mon Dieu, comme au jourd'huy je fay bië*
mes befongnes! O journée bien-heureuse!

SCENE QVATRIESME DE
L'ACTE SECOND.

GALIFRE PARLE TOVT
SEVL.

A *Ha he. Quelle feure retraicte je me fuis pre*
parée à ma hardieffe? Et quel beau fentier
j'ay trouué fi apareillé pour befongner de mes
faintifes, tromperies & ecornifleries? le gan-
gnage ne me peut fuir, car de l'argët qu'il m'a
baillé j'en puis racler la belle moitie, puis je
diray pour mon efcufe que les viures font
chers, à fin que les comptes des mifes & rece-
ptes fe raportent bien emfemble. Et quãt aus
contes rendre, il n'y a qui m'y feuft con-
traindre, j'ay mile echapatoires, parbieu
ce niais doit eftre vn grand fol, de nous prefter
ainfi l'oreille, veu qu'il fera par nous rongé
jufques aus os, la proye eft en noz filets laquel
le nous auõs fi lõguemët chaffée, elle en paye-

ra l'vsure, car elle vous sera dechiquettée
menu à belles griffes, car cette bougette si
bouffie de monicle, elle vous sera châtrée à pin
cées, de si bonne maniere qu'il ne luy restera
vn blanc pour acheter vn cordel. Car quelque
grosse somme d'or qu'il porte en sa bougette si
en trouuerons le bout, à triompher & gaudir.
Mais triomphe-je point à bon essient? ouy
vrayement, puis qu'il m'est si bien auenu que
je soys deuenu despensier d'vn grãd Seigneur,
ce mes songes me predisoyent à la bonne heure, passé long tems. Or est il tems que je coure
pour faire la prouision, quand je seray bien
saoul, je seray rage de raconter mes liesses.
Hau la hau, n'y a il pas vn de ces bouchers
qui prenne garde à la grande joye du bon Ga
lifre? ame ne le vient il salüer? Ie seray bien
maintenant, qu'en leur monstrant les escuz
qu'ilz ne sauent pas que j'ay, que le cœur leur
fera mal dont ilz ne sont venus audeuant de
moy auecques leurs marchandises.

SCENE CINQVIESME DE L'ACTE SECOND.

LE PRODIGVE. CLAQVE-DENT, LE RVSTRE. ARDENT. GALIFRE.

LE PRO. *OV eſt le logis de noſtre hoſte? je*
ſuis las de tant cheminer.

CL. *Il eſt ici aupres Seigneur, je m'en vay deuãt,*
faire que toutes les portes vous ſoyent ou-
uertes, hola hau, n'y a il ame ceans? je ne
ceſſeray de hurter, tant qu'il vienne ici quel-
qu'vn.

LE RV: *Qui eſt-ce qui frappe ſi fort à ma*
porte?

CL. *Ami.*

LE RV. *Qui ami?*

CL. *Claquedent.*

LE RV. *Claquedent? quoy, vit il encores? je pen-*
ſois que tu fuſſes pieça au Royaume aux
taupes, pourtant qu'il y a vn mois tout en-
tier que ne te vis.

CL. *Non ſuis.*

LE RV.

LE RV. *I'y vay voir. He, à peine t'eusse-je re-*
cognu, si ce n'eust esté à la voix. D'ou viens
tu je te prie, as tu point esté à la fonte?

CL. *Il n'est maintenant pas tems de m'amuser à*
le te dire.

LE RV. *Pourquoy non?*

CL. *Ne vois tu point ce Seigneur que je t'amei-*
ne ici?

LE RV. *Qui est il? d'ou est il? Pourquoy l'ame-*
nés-tu ceans?

CL. *Il est de nostre païs, Galisre l'a adressé ceans*
te suffit il? le cognois tu point?

LE RV. *Qui?*

CL. *Galisre di-je, qui est allé faire la prouision,*
& cestuici monsieur luy a fourni le poi-
gnet.

LE RV. *Ouy dea, faictes le entrer. Ardent hau*
Ardent, porte ce fardel là dedans, & retour-
ne tout court, j'ay autre chose à t'encharger.
Vous soyés ceans le tresbien venu Seigneur,
entres s'il vous plaist, vous serez ceans
fort bien serui de tout ce que vou-
drez.

D ij   LE PRO.

LE PRO. *N'auez vous point de marchandiſe?*

LE RV. *Ouy dea, monſieur.*

LE PRO. *Bien donc, qu'on les face venir.*

LE RV. *Et de quel pris les voules vous?*

LE PRO. *Il ne me chaut du pris, pouruen qu'elles*
ſoyent belles.

LE RV. *Ie vous feray auoir la plus magnifique*
qui ſoit en toute la ville. Hau Ardet eſcoute,
fay ici venir la gorriere.

AR. *Maintenant?*

LE RV. *Tout à cette heure.*

AR. *E qui diray-je qui la mande?*

LE RV. *Di luy qu'il y a ceans vn amoureus.*

GA. *A coup qu'on me porte cela à la cuiſine*
vous meneſtriers ſuiuez moy en cette ſale.

SCENE PREMIERE DE
L'ACTE TROSIESME.

BOVCHEFRESCHE. SER-
VANTE.

OViſtes vous onques parler de plus grãd ou-
trage que celuy qui m'a eſté faict par ce mé-
chant

chant, je di Galifre qui s'en eſt venu à moy
tout echaufé ? Hau Bouchefreſſe, me dit il à
coup, qu'on voiſe voir, à quoy il tient que la
gorriere tarde tant, elle met vn an à ſortir de
ſon cabinet. Ie ſuis ſi empeſchée à la cuiſine
luy dy-je, que ne me puis bouger d'vn pas, ſu-
bit il vous empoigne vn baton & moy de
vuider la maiſon, c'eſt bien dit par la merci
Dieu, pourtant qu'il a ceans amené ce fricaſ-
ſeur, il ſaict tant du Roy perrot, qu'il n'y a
qui ſouffre ſes manieres. Mais par la merci
ſaint pic, je feray qu'il ſe ſouuiendra du jour
d'aujourd'huy. Deſtre vn peu ſur ſes ergotz
en tems de proſperité, il n'y a rien de mal, auſſi m'en t'ay-je. Mais auſſi quand la fortune
viendra à luy tourner viſage, & qu'il aura
à faire de nous, il pourra bien dire qu'il parle
ra à vne ſourde, ſ'il ſ'en vient à moy aus re-
queſtes, en bonne foy je te mercie de bon cœur
Claquedent, qui as eſté moyenneur pour moy,
& m'as ſauué maints coups de baſton. Mais
ne ſuiſ-je pas bien miſerable d'eſtre venue en
vne telle maiſon, ou il y a tant de maiſtres, ou

D iij

à pei-

à peine dix cuisiniers suffisoyent à apareiller
les viandes que nostre beau despensier boutil-
ler a maintenant apportées, s'il vous plaist,
maintenant a il à foison que gourmander le
soulant, il a assés de quoy farcir son orde tri-
pe le porceau infect, ô comme gentilment il
faict son deuoir, amenant ceans menestriers &
chanteresses, à fin que le gentil mugnet dance:
ma foy, il y est bien propre, voire comme vn
chameau au bal. D'auentage il a mandé venir cette noble gorriere, pourautant que c'est
chere denrée pour cest estranger qui est ceans,
qui pouroit fournir à tels despens! voire fut
ce quelque grand Prince. Et pour dire de Ga
lifre ce qui en est, qu'est-ce autre chose qu'vne
peste & ruine commune des jeunes gens?
He he tout beau, que dis-je, peut estre y a il
quelqu'vn ci pres qui m'escoute, pourtãt m'en
voy-je voir si je trouueray Ardent par la
voye auec la gorriere, la malle mort depesche
le païs de tous deus, car j'ay presque esté er-
renée par leur musardie. Bon Dieu, je voy la
loin vne troupe de seruantes qui sont en chemin

min, à peine pourront elles tenir en noſtre logis, je m'enuay au deuant d'elles pour leur fai
re mon meſſage.

SCENE DEVXIESME DE L'ACTE TROSIESME.

LA GORRIERE. ARDENT. BOVCHEFRECHE.

LA GO. Eſt il vray que le ruſtre vous a ici
enuoyé?

AR. Il eſt vray.

LA GO. Qui eſt-ce tant grand Seigneur qui
veut que je voiſe à luy, moy qui ne laiſſe
pas volontiers mon logis ſi ce n'eſt a bonnes
enſeignes?

AR. Ie ne ſay, ſinon que mon maiſtre à receu le
Seigneur fort courtoiſement.

LA GO. Auoit il quelque apareil pour le ſoupper que tu ayes veu?

AR. Non, mais Galifre eſtoit allé acheter la pro
uiſion, & l'hoſte tenoit tous ſes gens embe-
ſognés.

 LA GO.

LA GO. *I'en scay asses, Galifre ne se frotte pas volontiers sinon aus riches, Ardent hau Ardēt, di moy: Que veut dire que Bouchefresche s'en vient vers nous à si grand' hate?*

AR. *Deça? & ou est elle?*

LA GO. *Elle s'en vient droict à nous.*

AR. *Ie suis bien esbay, pourquoy?*

LA GO. *Il peut bien estre qu'elle nous fera retourner, & que nous sommes contremandez, pour ce que c'est homme etranger ne voudra faire tant de despens.*

AR. *Ie ne le pense pas.*

LA GO. *Arrestons nous vn peu.*

B. F. *Gorriere le Seignenr vous attend pieça aus banquet, que ne venez vous?*

LA GO. *He Bouchefresche, mamie je vien.*

B. F. *Vous deussiés ja estre venue, pourtāt qu'ils sont desia tous assis, & vostre nouuel amoureus est courroucé que vous ne t'es presenté.*

LA. GO. *Quel personnage est-ce?*

B. F. *Qu'est il besoin le vous louer ou priser Gorriere, je suis bien seure que vous mesme direz, qu'il merite bien vne telle amoureuse*

que

que vous.

LA GO. *Mais n'est il point enamoré de moy?*

B. F. *Demandez vous cela? il en est embrasé tout vif, il en perd les pieds, il ne sait ou il en est.*

LA GO. *Hatons nous tost.*

SCENE TROISIESME DE
L'ACTE TROSIESME.

EVBVLVS. PELARGVS.

EV. *IE m'en vay voir que faict Pelargus, & comme il porte l'absence de son filz, lequel il ayme tendrement, & à present gemit pourtant qu'il l'a banni de sa maison, & non sans cause, car il l'a nourri & eleué auec grand labeur, & apres en a eu vn soin merueilleux, pourtant qu'il esperoit auoir pour l'auenir vn plaisir & ioye perpetuelle de sa presence. Ie croy, veu la bõté & humanité de luy, qu'il est maintenant en vn merueilleus soin, touchant la santé de son filz, maintenant vay-je voir s'il vse de moyen & attrempance en ses trop grands ennuis, comme à homme sage*

D v   aper-

apertient.

PEL. I'apren par moymesme combien grande
est le souci qu'vn pere a de son enfant quand
il est absent. D'autant que pource qu'il y a bō
ne espace que mon filz s'est party de moy, mon
cœur ne peut estre à repos, tous-jours je l'ay en
la pensee, sans fin je l'ay deuant les yeux,
je n'ay moindre soin de luy en son absence,
que je souloys auoir lors qu'il estoit present.
O que bien je voudroys qu'Eubulus fust
icy, auec lequel je pren plaisir de deuiser de
mon filz absent, mais le voyla & tout à
propos. Dieu vous gard' de mal Eubule.

EV. O Pelarge mon ami je ne vous auoys point
aperçeu: s'il vous est bien, il va bien, & j'en
suis joyeux, car je m'estoys mis à chemin
expres pour entendre comme il vous
va.

PEL. Tous chagrins & soucis s'assemblent en
moy.

EV. Touchant quoy?

PE. Touchant quoy? touchant mon filz.

EV.

EV. *Auriez vous bien si tost ouy de luy quelques males nouuelles?*

PE. *Rien qui soit, seulement sui-je en esmoy comme il se porte.*

EV. *I'ay esperance qu'il se portera bien.*

PE. *Dieu le veuille.*

EV. *A quelle occasion vous chagrignés vous donc tant?*

PE. *Pour l'amour de mon filz.*

EV. *Ie vous prie ne vous tant tormenter.*

PE. *Ie ne puis autrement faire Eubul, c'est mon filz.*

EV. *Bien qu'il soit vostre filz, qu'est il besoin de vous tant affliger?*

PE. *Il est force que je le face.*

EV. *Si vous estes determiné de ne faire autremēt, je m'en iray.*

PE. *Plustot qu'estre priué de vostre compaignie, je feray vostre commandement.*

EV. *Tout premierement, ce qui vous sera fort à faire, gardez vous de vous chesmer trop, puis que par cela vous ne pourrez faire meilleure, n'y amāder la condition de vostre filz, plutost laiſ-*

laiſſés en faire à la deſtinée, ou pluſtot à Dieu,
en la garde du quel il eſt ſans vous amuſer
aus Epicuriēs qui dient que Dieu n'a ſoin de
choſes quelconques, beaucoup meilleure eſt l'o
pinion d'Homere, qui ſans faire cas de la fortune, permet toutes choſes au decret & gouuer
nement de la puiſſance diuine. Or auez vous
traiſté voſtre filz tāt que le tems l'a permis,
ainſi qu'vn bon pere doit faire. Maintenant
il a pris congé de vous, endure le, vous aurés
aſſés faiſt voſtre deuoir, ſi vous luy gardés
vn bon cœur, duquel ce que bon ſemblera à
Dieu d'en ordonner, il le faudra louer à join
ſtes mains. Qui eſt celuy qui onques repugna
à Dieu, ſans encourir impieté ou ſans grieue
punition & malheur? En bonne foy tu ſeras,
& à bon droit, nommé peruers, ſi tu eſtens ta
ſolicitude outre ce qui eſt predeſtiné, puis que
l'iſſue de l'auenir eſt en la main de Dieu. Qua
ués vous à eſtre en c'eſt endroit ſi eperdu pouure homme? Voulés vous par voſtre defiance
faire Dieu menteur, qui a dit qu'il prendra
ſoin de nous? Qui meſme a conté tous les
che-

cheueus de noſtre teſte ? Quel hõme vous faites vous, pour contredire à ce qui eſt de Dieu
preordonné? portés vous donc enuye au gouuernement qu'il a des choſes mondaines? Ie
prie à Dieu qu'il vous veuille remettre en vo
ſtre bon ſens.

PE. Vous me forcez de condeſcendre à voſtre
auis, de maniere que deſormes j'auray l'eſprit
plus à repos, touteſfois ce ne ſera ſans auoir
vn doux remors de mon filz. Ie ſuis homme
Eubule, & ne ſuis point eſtrangé d'humanité.

EV. Ie vous prie gardez vous bien que ne por-
ties vne folle affection à voſtre filz, la quelle
vous penſies eſtre le grand amour que luy de-
ués, attendu qu'il ſe trouue des affectiõs mau-
uaiſes qui ont apparence de raiſon, à fin que
ne vous laiſſies abuſer, deſquels vous ne pour
rés à la fin receuoir, ſinon vne deception &
tromperie domageable. Mais que vous dit
voſtre filz à ſon departement?

PE. Il me dit à Dieu en deus parolles.

EV. Et quoy d'auentage?

PE.

PE. *Rien.*

EV. *N'estoit il pas triste à son depart?*

P. *Au cōtraire estoit il biē joyeus Eubule, & pour
tant me fit il sortir les larmes des jeus, pour
estre si froidement affectionné enuers son pere.*

EV. *Il en auient ainsi ordinairement, que quand
la vertu est presente, nous ne y visons que
bien peu, mais quand elle est hors de nostre
veue, nous la recherchons à l'enuy, ce que
vostre filz ne peut aperceuoir pour l'aage en
quoy il est, & pourtant il auise & pouruoye
mal à son cas, mais il s'amendra auecques le
tems, quand apres le coup il sera sage à ses
despens, il cognoistra estāt malade de quoy sert
la santé. Ie say que maintenant il se repet de
son fait, il a par trop esté aspre à desirer liber
té, & si en cela il a failli, il se sentira par cy
apres, quand estant nud & destitué de toutes
choses, il se retirera vers vous cōme a vn port
de seurté, ce qu'il auiendra à mon jugement.*

PEL. *O Eubule mon ami, c'est auis me met en
doute.*

EV. *Il n'y à que douter en cela: mais si cela auiet*

vsez luy de misericorde.

PEL. Ie ne m'atens point qu'il en sera ja besoin.

EV. En bonne foy si fais bien moy, & si ne di
point ceci, pourautāt que je pense qu'il ait cō-
mis aucun mal, touteffois s'ainsi estoit, vous
voyés l'aage, ou il est, laquelle est tottalemēt
encline à suiure plutost le mal que le bien, &
mesmement quand on laisse telles gens faire à
leur fantasie, car que vaut le meilleur qui
soit en luy, ce mal pernitieus qui a perdu noz
premiers parens, luy a aussi gasté & corrum-
pu l'esprit, dont auiēt qu'il ne peut estre, qu'il
ne soit solicité à voluptez desordonnées, lesquelles il mettra peine de suiure selon le conseil de Philaute, si ce n'est qu'il ait à main vn
correcteur, qui le remette en meilleure voye.
Or le tres bō correcteur, c'est Dieu que vous le
sachiez, lequel tient en sa main & gouuerne
toutes choses, & auquel, pour le dire sommaire-
mēt, tous viuons, mouuōs & sommes, veu que
luy seul est juge & arbitre de toutes choses.

PE. Ie croy Eubule mō bon ami, que tous ces pro
pos ont par vous esté mis en auant autāt à la

ve-

verité comme la bonne affection que vous
me portés vous y incite: en vostre parler y a
vne grace & efficace merueilleuse, telle qu'on
dit auoir esté en Pericles. Et en verité je vou
drois bien pouoir du tout mettre en oubly mõ
filz absent, pourueu que je le peusse faire.

EV. A cœur vaillant rien impossible, vous plaist
il autre chose de moy Seigneur?

PE. Que me veniés voir quãd il vous viendra a
point homme de bien.

EV. Puis qu'ainsi vous plaist j'en suis content,
car je suis & seray tous-jours du tout à vostre commandement.

SCENE QVATRIESME DE L'ACTE TROSIESME.

BOVCHEFRESCHE. ARDENT.

B. F. IE suis bien aise d'estre venue à bout de ce
soupper, tant j'ay esté embesongnée apres cette belle cuisine, je voudroye bien au moins me
pouoir vn peu reposer, estant si lasse que je
n'en puis plus. Mais je m'ebay que vient Ar
dent

dent icy faire, veu qu'on a porté la deserte là
dedans. Que fait on en la chambre Ardent?

AR. Demande tu qu'on y fait? Ilz se traictent à
cœur saoul de toutes bonnes viandes, & sont
presque tous yures si ce n'est Galisre, qui met
tous-jours au four, & ne peut estre r'asasié, il
fourre tout chez soy, il met tout en sa pance.

B.F. Ie t'en croy bien, aussi ne fait il rien de nouueau, car s'il y a des gourmans au monde, il en
est vn. Et l'hoste à quoy entend il? n'est il pas
tout estonné, contemplant la grande beauté de
la Gorriere?

AR. C'est bien au rebours, il dit qu'il ne sçait com
ment, il a son saoul de l'amour.

B.F. Amour n'a en soy ne conseil, ne moyen.

AR. Voulez vous Bouchefresche receuoir de moy
quelque gracieuseté?

B.F. Ie ne refuseray rien de vostre main.

AR. Essayez quel goust a ce vin.

B.F. O quelle framboise, quelle touche il a.

AR. Vuides la tasse.

B.F. Hem hem, jamais que je sache je ne beu vin
plus fumeux, vien-ça Ardent, je suis à ton cõ-
E   man-

mandement, quand il te plaira, ne fay que dire, quand il viendra à point.

AR. *Tout maintenant s'y adonne l'occasion, le*
tems & l'afaire le requiert.

B. F. *Comment Ardent?*

AR. *Vous sauez assés Dieu mercy, le maigre trai-*
ctement que nous auons ceans quand il n'y a
point de gangnage.

B. F. *Mais dommage, maintenant est cest etran-*
ger ceans, au moyen de quoy pouons faire pro-
uision pour vn moys. Enseigne moy comme
se pourra faire.

AR. *Si nous deus par ensemble crochetons la de-*
spense en cachette.

B. F. *O la belle entreprise pour nous faire charger*
de boys par Galifre.

AR. *Et va va sotte, tu ne l'entens pas, nous tail-*
lerons de chascune sorte vn lopin qu'il ne s'en
aperçoiue.

B. F. *Non non, vn vieus renard ne se prent au*
lacet, ne vous abusés pas la d'auātage, je say
trop quel Diable c'est que Galifre quād la te-
ste luy eschauffe, & comme il a la main legere,

mes-

me*mement s'il *sent qu'on ait mis les griffes
à la viande pour le me*sme cas, il *seroit a*ssem
bler le ciel & la terre. C'e*st bien merueille que
jamais on o*ste la lippée à vn chiē a*ssamé *sans
qu'il *s'en venge: Et pourtant dōne toy garde
*si tu es *sage, de te bra*ser vn mal à tes de*s*pēs.
Mais hau e*scoute, c'e*st à toy que je di.

AR. Qu'i a il?

B. F. Quoy? regarde, voila la Gorriere qui *s'en
vient auec no*stre ho*ste.

AR. Par bieu il n'e*st pas *sai*son de m'amu*ser ici,
puis que je voy qu'ilz *sont leuez, entrons la
dedans Bouchefre*sche.

B.F. Va t'en deuant, je te *suiuray.

SCENE CINQVIESME DE
L'ACTE TROSIEME.

LE PRODIGVE. ARDENT.
LA GORRIERE.

LE PR. **H**Au Valet, vien ça, j'ay à te dire vn
mot.

AR. Que vous plai*st il magnifique Seigneur?

LE PR. *Que quand il sera tems tu nous appelles au chaudeau, entretant nous nous pourmenerons cy aupres.*

AR. *Ainsi le feray-je Seigneur, vous plaist il autre chose?*

LA GO. *Commandez luy qu'il apreste vn bon lict mol.*

LE PR. *Hau mon amy, la couchette de plaisance qu'elle soit mise à point, as-tu ouy?*

AR. *Il sera fait tout subit Sire.*

LE PR. *Ie ne puis faire que je ne t'embrasse ma vie, mon seul soulas.*

LA GO. *Tout à ton plaisir mon ame, mon confort.*

LE PR. *Maintenãt m'est la vie plaisante, maintenãt je jette arrie tous chagrins & facheries, puis que j'ay tant de bon heur que de te pouoir voir & entretenir. O face angelique! Est-ce peu de cas que d'auoir le credit, d'estre en vn mesme logis & banqueter ensemblement t'oy & moy? ça doné moy vn baiser si tu m'aymes ma mignonne.*

LA GO. *Mais plutost dix, mes yeus.*

LE PR. *O vie plaisante, ô plaisirs des Dieux, combien est florissant, combien est agreable, & plaisant tout ce que sur toy je contemple, en mon ame, tu es bien digne que je te face du bié, & le feray de bon cœur, tout ce que j'ay est à ton commandement.*

LA GO. *En nenda je vous remercie monsieur.*

LE P. *I a il chose que veuillez auoir de moy? Demandez hardimét, vous ne serez ja ecõduitte, voulez vous vne attache d'or, voulez vous auoir vne coeffe, ou vous plaist des brasseletz? ilz vous seront donnez.*

LA GO. *Ie ne veuil rien de tout cela.*

LE PR. *Voulez vous de l'or?*

LA GO. *Seulement cette chaine, mon grand ami.*

LE PR. *Et le carquant, & toute autre chose que voudrés demander vous sera donné, car de refuser rien qui soit à mamie, j'en feroys grande cõscience, tenez prenez ce carcant pour enuironner vostre rond & blanc col.*

LA GO. *Or ça mon doux poupart, que te semble maintenant, suis-je belle à ton gré? te plais-je bien?*

E iij

LE PR.

LE P. *Qui, vous? sans porter autre atour quel-*
conque, Venus n'est rien au pris de vous.
Mais je te pry Gorriere, dy moy.

LA GO. *Et quoy mon ami?*

LE PR. *M'aymés vous?*

LA GO. *Vous mocqués vous? Plutost ne m'ay-*
meroy-je moymesme, que de vous faire faute
en cela, tenez cela aussi certain comme il est
vray que vous viués.

LE P. *Or bien mamie je le croy, mon ame, je suis*
bien heureus d'estre en la grace de m'amye,
vn baiser mon soulas. Cela est plus dous que
miel, je te prie belle Dame que tu sois mõ cœur
puis que je suis le tien.

LA GO. *En bonne foy il n'y a autre qui si cher*
me soit que mon Prodigue.

LE P. *Ie vous embrasse aussi en contre chan-*
ge pour la moitie de mon ame. O mains de-
licates, ô joues vermeilles, mais que tu es
belle.

LA G. *Qui est-ce aussi qui te refuseroit mignon*
des Dames?

LE P. *Ie suis tout embrasé de ton amour ma*
                                                    plai-

plaisance.

LA GO. *Tu as oportunité d'amortir cette cha-
leur, qu'as-tu à souspirer mon petit cœur?*

LE P. *C'est toy l'heur de ma felicité, c'est toy qui
m'ars jusques aus entrailles.*

AR. *Nous auōs appareillé les licts Seigneur ainsi que l'auiés commandé, quand il vous plaist
entres au banquetter, car tout est prest.*

LE P. *Vien ça, tu es vn bon seruiteur & diligent
de soigner si bien de mon cas, pren cela que je
te donne.*

AR. *Vous vses de grande liberalité enuers moy,
je me sens à jamais obligé à vous pour vn tel
bien, je prie à Dieu Sire, qu'il vous doint bonne vie & longue. O que bien souuent auien-
nent choses qu'on n'oseroit esperer, pensant à
derober à mon maistre quelque peu de viandes, l'or m'est venu jusques au sein sans que je
m'y atendisse, voy me la echappé.*

LE P R. *Irons nous maintenant, ma douceur, mō
miel?*

LA GO. *Quăd il vous plaist je suis toute preste.*

LE P. *Allons passer toute cette nuit au deduit*
E iiij

d'a-

d'amours.

LA GO. *I'en suis contente.*

SCENE PREMIERE DE L'ACTE QVATRIESME.

GALIFRE SEVL.

EsT il possible que j'aye dormi si haute heure, & que mes yeus sentretiennent encores? Mor bieu, il faut bien chasser cette paresse au Dia-ble, il faut bien autrement entendre à nostre gain, mais d'ont vien-je à auoir vn si grand desir de vomir, que veut dire qu'ainsi je baail le, ça ça, estendons ces nerfs, chassons ce som-meil. Quoy, la viande qu'hier tu auallas te vient elle au ronge, comme routes tu ainsi, si n'est ce pas ta coustume, car Dieu merci tu as bon estomac, fusse pour digerer viandes crues, te faudra il des eschalottes pour te rendre l'a-petit? Non, mais je croy plutost que c'est l'esto mac qui me groulle de faim, comme de coustu-me, car je n'ay point souuenance auoir onc sen ti telle pesanteur, pour beaucoup que j'eusse

mangé,

mangé, qu'il me faluſt rendre ma gorge, euſſe-
je Montgibel dans le vêtre, mais ehé, eſt-ce la
Claquedent ? ſi matin leué qui herſoir beut
tant ? voire le galant.

SCENE DEVXIESME DE
L'ACTE QVATRIESME.

CLAQVEDENT. GALIFRE.

CL. O Dieu gard le patron, le patron & apuy
des ecornifleurs.

GA. Dieu gard l'honneur des papelarts

CL. Les aſnes ſ'entre grattent galantement cela
peut on bien dire, quand nous loüons l'vn
l'autre.

GA. Dy moy Claquedent par ta foy, comme te
pleut le feſtin herſoir ?

CLA. Iamais je ne fis plus grand chere pour vn
ſoupper que je ſache, je rempley mon ventre
juſques au goſier, de ces viandes delicieuſes.
Et toy quoy ?

G. I'en prins tãt, que j'en peu ſaquer, je ne me puis
tenir de lecher le bord des leures, les reliefz

D v   d'herd'her foir me femblent miel & fucre.

CL. Parbieu je m'en deleche encores & ce qui m'en eſt demouré au bout des doigts me rompt le nez.

GA. Va maintenant, & deformes te moque de mes fonges.

CL. Iamais je n'euffe penſé qu'ainſi en fuſt auenu Galifre mon ami, l'auenture nous a bien dit d'auoir ſi bien rencontré & d'auoir eu le Dieu de mangerie ſi propice.

GA. Et puis, recognoy tu point maintenant de qui te vient ce bien?

CL. Par toy je ſuis vn petit Roy ami Galifre, ſans toy je m'en alloye mendier.

GA. Ie l'ay faiɛt volontiers.

CL. I'en doy eſtre joyeus c'eſt de voſtre grace.

GA. I'en doy triompher.

CL. Io jo, chantons vne chançon à la maniere des Baccantes.

GA. Gardons ces rejouiſſances ſur le ſoir, pour abattre la viande, pendant que monſieur ſe dõnera du bõ tems auec la Gorriere, cela nous
ſer-

seruira d'apetit pour le soupper: il siet mal de
dancer & follastrer à jeun.

CL. C'est sagemēt dit à toy. Que deuiendrōs nous
maintenant? Qu'est il de faire?

GA. Ce que l'autre partie du songe nous sig-
nifie.

CL. Qu'est-ce?

GA. Ne t'en souuient il point?

CL. Non.

G. Ie luy vuideray la bource à beaus faus dets.

CL. N'auray-je pas part au butin?

GA. Quoy donc?

CL. Si je vous ayme & porte honneur ce n'est
pas sans raison.

GA. Estre tant soigné du disner & pren garde à
la boutillerie.

CL. Ie le feray. Qu'auez vous la?

GA. Des dez plombez, les cognoys tu?

CL. Ie les cognoy, & les ay trouué bien pipeurs,
car ilz m'ont faict enuoller vne grāde partie
de mon bien.

GA. Il me semble que j'oy la mōsieur qui crache,
A Dieu te di.

SCE-

SCENE TROISIESME DE L'ACTE QVATRIESME.

CLAQVEDENT A PART.

IL s'en va le galant, bien deliberé de vous mettre monsieur à blanc sans luy laisser croix ne
pille, ce qu'il fera tant il sait de tours de ruses
& tromperies. Quand il se met à jouer, il fait
de premier bonne pippée, faignant de n'y rien
entendre, & par foys se laisse perdre vn jeu
tout bellemēt, qui est comme vne amorce pour
echauffer son compaignon, puis quand il le
void aus alteres, tendant à faire de plus en
plus grand gaing, en vn seul coup de dé il
racle tous les monceans d'argent qui sont sur
la table, car il vous sçait si souplemēt manier
le dé, qu'il fait venir tel point qu'il veut, brief
il s'y sçait tellement porter, que tous-jours sa
partie s'en va desemplumée, ce que pieça il m'a
apris à mõ grand detriment, je suis sage apres
le coup. Mais je say biē, que ce Seigneur estrã
ger ayant perdu tout le sien, sera jetté dehors,
& crains beaucoup qu'il ne soit rigoureusement

ment traicté, que di-je craindre, mais au rebours j'en suis joyeus, d'autant que les maus
qui se souffrent en commun, sont plus legers à
passer. Qui plus est, j'ayderay à le mettre en
blanc, quãd le cas s'y adonnera. Pourquoy ne
me sera il permis de faire aus autres tout ain
si qu'on ma fait? Mais voyla je ne say qui,
qui sort de nostre logis, je m'ebay si seroit biẽ
le rustre: ma foy, c'est luymesme, qu'y pourroit
il auoir qu'il s'en vient si troublé ce semble?

SCENE QVATRIESME DE L'ACTE QVATRIESME.

LE RVSTRE. CLAQVEDENT. GALIFRE.

LE RV. **D**Ieu eternel quelle prodigalité est
cela? quelle superfluité si grande? tous les vi-
uans ne sauroyent garder cest homme la qu'il
ne s'en voise à pardition.

CL. Rustre mon amy, di moy, de qui as tu tant
de pitié?

LE RV. De cest estranger.

CL.

CL. *Que luy est il auenu?*

LE RV. *Il a tout perdu au jeu de detz.*

CL. *Par qui a il ainsi esté abusé?*

LE RV. *Par qui penseroys-tu, sinon par Galifre.*

CL. *Ne l'ay-je pas bien dit, qu'ainsi en auien-
droit? O cautelles d'vn fin & rusé renard.
Et ce pouure Prodigue quelle contenance
tient il?*

LE R. *Il est tout bouffi de courroux, tout perplex*

CL. *Penses tu qu'il pourra ici estre longuement?*

LE RV. *Ie ne le pense pas, car auant qu'il soit
gueres, la pouureté le contraindra de gangner
le haut quelque part, ou bien peut estre qu'il
s'ira pendre, aymant mieux mourir que lan-
guir en misere.*

GA. *Doy-je maintenãt demõter la j'oye que j'ay?
ô fortune comme tu m'as, regardé de bon œil.
O gẽtils detz, jamais ne vous pourroye asses
louer, car si j'ay de quoy passer ma vie sans
souffretté, c'est à vous que j'en suis tenu. C'est
ainsi qu'il faut engluer ces jeunes follatres,
enivrez de la douce fortune.*

CL.

CL. *Qui est cestuy-ci qui ainse se braue yure de fortune prospere?*

G. *Mais ou est maintenant Claquedēt pense-je?*

CL. *Il m'a nommé.*

GA. *Pour le faire participant de cette j'oye.*

CL. *Qui a il de nouueau Galifre? de quoy deme-nez vous si grand' feste dites je vous prie.*

GA. *Demādes tu la cause de ma j'oye? la chance m'a dit, mō ami, j'ay fait ma main, voy tu cette bourse cōme elle est enflée pleine de ducats?*

CL. *O le galant homme, mais je vous prie ne partirons nous pas ce gain par ensemble com-me il apertient?*

G. *Ha morbieu, faudra il ici jouer des couteaus?*

LE R. *Tu as gangné cest or en ma maison, fais en ici restitution cōme les loix du païs ordōnent.*

GA. *Tien ta part de la proye à fin que demeuriōs bons amis ensemble pour l'auenir.*

LE RV. *Qui payera les logis?*

GA. *Qu'ay-je à faire qui?*

LE RV. *Tu as amené cest homme en ma maison.*

GA. *Il a des habits*

LE RV. *Et puis s'il en a?*

GA.

GA. *Que le gueux me soit depouillé, & ou ilz ne suffiront, reuien t'en à moy, je feray que tu seras content.*

LE RV. *Ou est mon auerlant, ou est il le fricasseur?*

GA. *Laissant le tablier il est entré leans tout troublé, pour jouir de la Gorriere à mon auis, & y passer sa fantasie.*

LE RV. *Ie luy vay demander ce qui m'est deu.*

CL. *Or ça Galifre, fay moy part du gangnage.*

G. *Prē cela, à fin que tu ne die que tu n'as riē eu.*

CL. *Si peu que cela?*

GA. *Tu n'auras non plus.*

CL. *Est-ce garder la foy promise?*

GA. *Si tu m'en parle plus je me courrouceray.*

LE RV. *O ho, j'oy la debatre ceus que je pensoy estre si bien d'accord.*

GA. *Qui?*

LE RV. *Ceus qui sont là dedans, l'amoureus deplumé s'humilie deuant la Gorriere. Mes bons seigneurs, aydes moy je vous prie, que je soye payé de ce qu'il me doit.*

CL. *Or ça donc, gardons bien c'est huis que du*
jour-

jourd'huy il nechappe de noz mains.

SCENE CINQVIESME DE L'ACTE QVATRIESME.

LA GOR. LE PROD. SIRETTE. LE RVST. GALIFRE. CLA- QVEDENT.

LA GO. *Qve ne me paye tu mechant?*

LE P. *Ie vous prie Gorriere mamie ayez pacience.*

LA GO. *Quoy mamie, merci Dieu c'est bien chaté, te semble que c'est moy qu'il saille ainsi moquer & paistre de vaine esperance?*

LE P. *Tout vous sera payé.*

LA GO. *Et quand trois jours apres jamais?*

LE P. *Non, mais ce sera a.*

LA G. *Tu nous as desia assez abusé de parolles.*

LE P. *Ie vous suppli escoutez vn peu.*

LA G. *Qu'est-ce que i'escouteray? qui orray-je?*

LE P. *Vn bien peu je vous requiers.*

LA GO. *Hau Sirette.*

SI. *Que vous plaist il Dame?*

F   LA GO.

LA GO. *Que cette robe luy soit otée.*

SI. *Pourquoy cela?*

LA GO. *Pourtant qu'il me plaist, saisis cette robe te di-je.*

LE PR. *Est-ce ainsi que vous me traictés Gorriere?*

LE RV. *Ie suis ici interessé, tout beau Gorriere, contentez vous de cette depouille, que j'aye pour ma part du butin cette epée auec le chapeau.*

CLAQV. *Ce qui est de reste est nostre, depouille.*

LE P. *Vous me faites violance, je vous prie mes amis, ne me traictez si rigoureusement.*

CL. *Que ne luy etouppez vous la bouche?*

LE PR. *Que telles mechancetez se souffrent en yne bonne ville? Las moy! je suis tout deuoré pouuret. Ne me lairrez vous point quelque baillon à me couurir?*

CL. *Or t'en va maintenant ou tu voudras.*

LE RV. *Zon zon, voyla pourtoy.*

LE PR. *He Dieu, he Dieu, faut il encores que je soye battu miserable que je suis?*

LE RV.

LE RV. *Venez vous en tous enſemble en mon logis.*

LA GO. *Hau vau-neant regarde moy, tien ceſt habit de bureau friſé que je te donne.*

SCENE SIZIESME DE L'ACTE QVATRIESME.

LE PRODIGVE A PART.

QVe ferai-je maintenant? que crieray-je? par ou commenceray-je la trame de mes complain tes? O ciel, ô terre! ô Iupiter vois tu ceci & le ſouffre, lequel on dit garder les droicts entre les hoſtes? Ie ſuis enuironné de tant de miſeres qui m'afligent malement, que je ne ſay ou je ſuis, ou je vois, ne par quel bout je doy commencer. Ie ſuis perdu: c'eſt faict de moy miſerable: I'eſtoye fourni de cheuance comme vn Roy, & tout à coup ſuis deuenu vn beliſtre, qui pourra endurer cela? C'eſt de merueille que je ne m'arache les yeus: Ou ſont mes habits? ilz ſont perdus, ma chaine d'or ou eſt elle? elle eſt perduë: vne ſi grand' ſomme d'argent que

j'auoye? ne plus, ne moins. Et ma santé, n'est
elle point empirée, il ne me plaist pas de le ra-
menteuoir. Qui me voudra retirer ainsi pouure que je suis. Ah il me faudra à la fin labou-
rer la terre, ou bien mendier ma vie, mes forces debilitées n'endureront pas que je face
l'vn, & quant à l'autre, la vergongne me le
defend. Et pour m'acheuer de peindre, la fami
ne est par tout le païs, de maniere que je ne say
si quelqu'vn me voudra laisser cueillir les
miettes de sous sa table. Brief il me faut mou
rir de faim, mais à qui me prendray-je de ce
mal-heur, à ceus qui cauteleusement m'ont
attraict en leurs fraudes? ou à moy mesme
qui les ay creu? ou à mon mauuais ange qui
me tient assiegé de tant de maus. O fortune
cōme tu m'es marastre, ô que miserablement je
suis affligé de l'ire de Dieu. Helas moy! mais
c'est pour neant qu'ici je me lamente, ou je ne
suis entendu d'ame. Il ne reste plus sinon que
je m'enuoye errant & vagabond suiuant la
destinée: ô doleur, ô angoisse! que de Dieu puis-
siés vous estre confondues paillardes infames,

auf-

ausquelles je me suis vilainement asserui,
mais voicy venir tout à propos vn laboureur
qui sort de sa metarie, je l'iray aborder chas-
sant arriere toute honte côme chose qui m'est
inutile.

SCENE SEPTIESME DE L'ACTE QVATRIESME.

COLIN. LE PRODIGVE.

I'Auoye accoustumé de recueillir de ma ferme
tous les ans, autant qu'il faut pour ma prouision, mais pourautant que les champs ne
raportent plus tant comme ilz souloyent, il
me faudra faire sacrifice à la Deesse Tellus
d'vne coche grasse, à fin que face produire tous
biens, plus abondammēt que parauant. Il y a
bonne espace, quand toutes mes vachez auor-
terent jusques à vne, & les bleds en tous en-
droicts bruines, ne rendoyent comme rien: c'est
ce qui nous a amene la cherté. Quelle male-
encontre est ce la? C'est vn gros maraut, que
veut il dire?

F iij   LE PR.

LE PR. *Dieu vous doint bonne vie Sire.*

CO. *I'ay asſés de bons jours d'autre part ſans que tu me viennes ſaliier. Que veus tu dire?*

LE PR. *Ie prie à Dieu que voz cheures, vaches, & brebis, foiſonnent à voſtre ſouhait.*

CO. *Dieu t'en veuille ouyr. A Dieu te di.*

LE PR. *Ie vous prie m'eſcouter vn peu auant que vous en allies.*

CO. *As tu choſe qui te donne ennuy?*

LE PR. *Vne faim merueilleuſe.*

CO. *Ie le croy biё, il y en a aſſés d'autres qui ſont touchés de ce mal.*

LE PR. *Ores je vous prie humblement me ſoulager d'vn peu de pain bis.*

CO. *Tu n'es qu'vn fai-neant, pourtant n'es tu pas digne qu'on te baille que manger.*

LE PR. *Ame ne me met en beſongne. S'il y a choſe en quoy je vous puiſſe ſeruir je ſuis content de m'employer au labeur pour gagner ma vie.*

CO. *Or me ſuis donc, je te bailleray mes porceaus à garder auecques viande digne de toy.*

LE PR. *Ie voy apres vous, ſang bieu men voyla
bien*

biē, je suis deuenu monsieur le porcher. Ce n'est
pas du beuf à l'asne, mais c'est de la sale aus
porceaus: ne te fie jamais au bon visage de for
tune, non plus qu'à vn vent muable.

SCENE PREMIERE DE
L'ACTE CINQVIESME.

PELARG. EVBVL.

PE. LE cœur me dit qu'il m'auiendra quelque
triste auenture.

EV. Et touchant quoy?

P. Touchant mon filz Eubul.

EV. Vous estes trop soupçōneus Pelarge, faisant
ainsi, que faites vous autre-chose, sinon redou
bler vostre mal? car vous ne poüez par crain
te ancune obuier au mal qui est à voftre por
te. Mais dites moy je vous prie, de quoy estes
vous en souci?

P. Ie crain qu'il n'ait froid ou qu'il ne trainne sa
languissante vie en ordures & pietrerie.

EV. Et dont vous viennent telles suspitions?

P. En premier lieu, je ne puis mettre hors de
F iiij   ma

ma fantasie le presage que feites de luy à son
depart. Et pourtāt il me semble à tous coups
que je voy mon filz deuant moy enhaillonné,
blesme, crasseus, hideus, gresle comme vn filet,
les grosses larmes luy coulans des yeus, rendāt
piteus & l'amentables cris. Dauantage je ne
scay que ce veut dire que je n'ay de luy aucunes nouuelles, que penses vous sinon qu'il soit
mort?

EV. Ie pense qu'en brief il viendra quelque mes-
sagier qui vous dira toutes nouuelles de vostre filz, & pourtant ostez toute crainte.

P. I'en ay autant de soin & le tiens aussi cher
que la prunelle de mon œil, qui plus est, s'il a
quelque tribulation je la sens en mon ame,
car comme tous-jours j'ay dit, cela est l'ofice
d'vn bon pere de participer au mal & bien de
ses enfans, qui ne sait cela, qu'il confesse hardiment qu'il n'est pas digne du nom & titre de
pere.

EV. Vous en parlez à la verité, mais il fait bon
tenir moyen en toutes choses.

P. Il est vray, qui le pourroit faire.

EV.

EV. Pourueu que sans plus veuillez oster cette
tristesse, tout le reste se portera bien.

P. Ie ne scay comme il en prent aus autres, quant
à moy je trouue que la tristesse que j'ay de
l'absence de mon filz va tous les jours en aug
mentant, tant y a à dire que le tems efface mõ
ennuy: car tant plus long tems il est absent, de
tant plus je le souhaitte, & tant plus je le re-
grette.

EV. D'autant que le cœur me dit passé long tẽs,
que le messager de vostre filz n'est pas loin, je
ne tien cela pour chose vaine, je m'en iray dõc
aus gardes des ports, desquels, peut estre, j'en
sauray toutes nouuelles. Ce pendant atendez
moy à la maison, car je seray incontinent de
retour.

P. Si feray-je. Dieu que maintenant je suis en
grand' doute, il n'y a chose dont je ne soye en
crainte, & si ne crains rien toutesfois, mon
cœur est si pertroublé qu'en luy n'y a lieu de
conseil, ainsi qu'il auient, quand ardamment
on desire vne chose, on craint que le contraire n'auiene, je branlle entre esperãce & crain

te, c'est mon filz qui me met en ces angoisses,
pour le salut duquel je suis tant soucieus, mais
bon Dieu, je crain bien qu'il soit par trop elon
gné de tout remede, d'autant qu'il n'y a au
monde que perils, tromperies, infections, ordures & pestilences pernitieuses, de quelque costé
que tu te tournes. Toutesfois il me vaut
mieus aller à l'hostel atendre le retour de
mon ami Eubulus.

SCENE DEVXIESME DE L'ACTE CINQVIESME.

LE PRODIGVE TOVT SEVL.

Qvi est l'homme si constant & courageus, qui
par vn tant grief accident de fortune, ne fust
abatu & enueloppé de dueil & gemissement?
l'argent que pieça je pensoye me deuoir à jamais durer, oh comme il s'en est volé en vn
moment, luxure mere de pouureté, laquelle
j'ay par trop cherie, c'est elle qui m'a tout ra-
ui, les biens, la renommée, la gloire, que m'a
elle laissé? Et pourtant qu'à present je n'ay
de

de quoy l'entretenir, elle m'a laiſſe ſa fille di-
ſette, je peris tout vif à mon veu & à mon
ſceu, ou ſont maintenant les frians morceaus
& viandes exquiſes?ou eſt le vin odoriferãt?
Que ſont deuenuz les hautboys & toute ſor-
te de muſique & armonie? ou ſont mes ſup-
poſts & ſequelle?mon ſermẽt, on dit biẽ vray
la fortune eſt de verre, laquelle ſe caſſe lors
que plus reluiſt.Or mon ruſtaut de maiſtre
m'a baillé en ce panneret ma prouiſion bien
ecarſement, & de viande aſſés orde,quand elle ſera faillie,que me faut il plus,ſinon peſcher
en l'auge,& manger de meſme les porceaus,ſi
ne veus mourir de male rage de faim. Eſt-ce
ainſi que je regne monſieur le porcher entre
les porcs,moy qui vn tems fus Roy treſexcel
lent? Il n'y à homme viuant ſi miſerable que
je ſuis. Orès orès, voudroy-je bien eſtre bon
menager,mais c'eſt pourneant que je fais ce
ſouhait apres auoir tout perdu. Que feray-je
donques? c'eſt pourneant que je me tormẽte,
car il me faut de plus en plus auillir & pour-
rir en cette ordure, dont je n'auray eſpoir de
po-

pouoir me retirer, pleut à Dieu que je fuſſe mort ſi toſt que je fus né. Pleut à Dieu qu'il me fuſt permis anticiper ma mort pluſtoſt que de trainer ma languiſſante vie entre tant de miſeres, & ne ſay ſi les morts ont point meilleur tems que je n'ay, je voudroye eſtre enſeueli ſous la plus haute montaigne qui ſoit en l'Aſie, tãt le viure m'eſt ennuyeus. Qui voudra voir vne figure de la mort qu'il me contemple: car que void on de vif en moy? Que ſuiſ-je ſinon vne beſte mutte & vn cors ſans ame, que maudit ſoit le jour que je fus né. Il m'ennuiſt de plus regarder la voute du ciel: car tout ainſi que vne vague poulſe l'autre, ainſi chagrins & ſoucis en moy ſ'entreſuiuent les vns les autres, on diroit de mon cœur que c'eſt vne mer agitée, y aura il point quelque Dieu qui me regarde en pitié, auſquels je ſuis tant à meſpris? ma foy je ne le penſe pas.

SCENE TROSIESME DE L'ACTE CINQVIESME.

EVBVLVS SEVL.

I'Ay en moy ce don de Dieu particulier, que je donne touſ-jours bon conſeil, & preuoy non ſeulement ce qui eſt deuant mes yeus, mais auſſi je voy de loin les choſes auenir. Ie m'en ſuis allé aux gardes des ports, pour entendre quel bruit il couroit du filz de Pelargus, pourtant que je veoye la grand'triſteſſe en quoy eſtoit le pere pour l'amour de luy. Qu'eſt il beſoin de plus long propos? m'informant du galant, j'ay trouué que tout ce que j'en auoye predit au pere eſt veritable: c'eſt à ſauoir que le pouure Prodigue eſt reduit à vne pouureté tant miſerable, qu'à peine ſe pourra radreſſer à bonne vie, je me tay de ce que j'ay ouy dire de luy qui eſt beaucoup pire. Que reſte il, ſinon que je m'en retourne à Pelargus qui eſt tout confit en chagrin & amertume? car je ſay qu'il eſt en grand penſement atendant que ſoye de retour vers luy.

SCE-

SCENE QVATRIESME DE L'ACTE CINQVIESME.

LE PRODIGVE. SEVL.

OH conscience bourrelle de mon ame, comme en mile manieres tu me genne? que jamais tu ne me laisse l'esprit à repos. Il me semble que j'ay le cœur chargé de plomb, tant je me sens interieusement agraué. Ne cesseront jamais les maus & vilennies que j'ay commises, de se presenter deuant mes yeus? Tout ce qu'on raconte des enfers ne sont que fables, si je n'experimente en moy les vrays enfenrs. Ie me desrine, je me ronge, je despite de moy. Ie suis bien digne que la terre s'ouure pour m'englou tir, pour cause de mon iniquité qui est si grande, que jamais je n'espere pouoir impetrer pardon de mon pere, car j'ay reietté ses tant dous commandemens, deloyal que je suis: dont estant de luy debouté, j'ay choisi le pire parti me rengeant aus plus grandes mechancetez. Outre ce, j'ay vilainement consumé tout mon bien par bombance, que diray-je plus? ce

que

que j'ay donné aus paillardes n'eſt-ce rien?
ma foy, c'eſt à bon droiɛt que je meine vne ſi
piteuſe vie, que je vis ſans honneur, banni de
mon païs. Ce n'eſt pas tout, j'ay faiɛt vne
telle tache à mon renom, que je ne ſay ſi jamais la pourray effacer, à fin que je me taiſe
de ce que j'ay diffamé tout mon lignage, que
je ſeray la fable à tout le monde. En apres
que diray-je de mon pere, lequel j'ay offenſé
& outragé en tant de ſortes? Et quant aus
biens du corps & de l'eſprit, qui m'ont eſté
donnez, j'en ay mechamment & iniquement
abuſé contre le donneur, je le confeſſe. Ou es tu
maintenant mon beau conſeiller Philaute,
quand j'ay perdu les biens & le ſens? miſerable que je ſuis, qui m'as induit à mettre ſous
les pieds les commandemens de mon pere & le
ſacre liure de la loy qui tant m'eſtoit recommandé, n'eſt-ce pas par ton faux conſeil que
j'ay ſi lourdement failli? Auſſi cognoy-je
bien l'ire de Dieu eſtre ſur moy, pourtant
que j'ay eſté ſi mal-heureus de te croire.
Mais entre tant de maux qui m'aſſaillent,

la

la grande faim que je sens m'est insuportable,
car elle me pique & presse si fort que le mal
que je sens, est pire que la mort, d'autant, qu'il
n'est en moy de l'apaiser d'ecosses & telles or
dures, ni mesme de la fange ou je suis plongé,
mon mal n'a point de relasche, la faim m'a-
compagne sans interuale. Conclusion il m'ira
touf-jours de mal en pis en ce païs, & si ne
voy quel conseil je puisse prendre. Helas moy!
combien il y a de seruiteurs mercenaires en la
maison de mon pere, qui ont abondance de
pain, pēdant que je suis ici mourant de faim?
la voudroy-je faire & souffrir, pour me retirer de cette calamité, d'vn seul pain me pour-
roye-je r'asasier. Et bien si je m'en retour-
nōye chez mon pere? A jamais je n'oseroye,
pourtant que je m'en suis banni par mon cri-
me. E quel danger y auroit il d'en faire
l'essay? Ie ne gangneray riē. De quel visage,
de quel hardiesse, en quel equipage retourne-
roy-je à mon pere, nud, mechant, efronté?

SCE-

SCENE CINQVIESME DE L'ACTE CINQVIESME.

PELARGVS. EVBVLVS. LE PRODIGVE.

P. *DItes vous qu'il est en tel point?*

EV. *Il est ainsi que je vous dis.*

P. *Mais que me dites vous? T'auray-je mis entre mains le bon renõ & les biens pour si mechamment perdre la gloire qui par ma vertu t'est aquise enfant perdu? Ie t'ay batu le chemin & aplani la voye pour paruenir au comble de vertu, & tu l'as rendue plus scabreuse & difficile à ta posterité, qui as banni de toy la vertu pour suiure le vice. N'estoit-ce pas raison que tu te gouuernasse comme je t'auoye ordõné? Philautus t'a bien aydé à trebucher en ces miseres. La sentence est tres-ueritable qui dit, que depuis que le cœur est vne foys attaché a vne mauuaise conuoitise, il ne peut faillir que les conseils ne s'en ensuiuent totalemẽt semblables. O moy miserable & de fois miserable d'auoir vn tel fils que tu es.*

EV.

EV. Mon grand ami, je vous prie laiſſons la toutes ces complaintes.

P. La juſte douleur que je ſens me liure ces juſtes complaintes.

EV. Ie le croy, mais maintenant le tems & l'ocaſion requiert & vous amoneſte de penſer de la reſtitution de voſtre filz, & faut que preniez la ſection du bon & pitoyable pere enuers luy, en luy declairant par effect combien vous l'aymés. Le malade n'a beſoin d'autre choſe que de la main & ſecours du medecin.

P. Cela eſt bien vray quand il y a eſperance de vie.

EV. Quant à voſtre filz, il y a encores grande eſperance d'amendement.

LE PR. C'eſt fait de moy, ſi Dieu ne me vient apparoitre & ſecourir comme en deſſoute, car la mort frappe la porte de ma conſcience coulpable.

P. Or bien de par Dieu ſoit, je ne veuil plus penſer aus maus qu'il a commis, qui plus eſt, je mettray toute peine de procurer que la vie ſoit ſauue à ceſt hõme perdu, que ſon bõneur luy
ſoit

oit rendu, & qu'il retourne de mort à vie.
En bonne foy, vous faictes en cela chose dig-
e d'vn tel homme que vous estes.
PR. Mais voici vne inspiration qui m'est
oudain venue en la pensée, c'est que mon pere
st de la bonne sorte, facile aysé à apaiser, dous
e maniere, que si je m'adresse à luy, il y a espe
nce que j'en obtiendray pardon. E he, seroy-
e pas bien de me mettre a bàtir quelque hum
le requeste pour offrir à mon pere en cette
maniere? Pere, j'ay peché contre le ciel & de-
ant toy, & suis indigne d'estre par ci apres
ōmé voftre filz. Ie vous prie pere, tenez moy
me l'vn de voz seruiteurs mercenaires: je ne
fuseray de faire besongne quelconque, pour
rde qu'elle soit, pourueu qu'il vous plaise me
ceuoir en voftre seruice. Quoy, n'est-ce pas
vne belle requeste? Elle me plaift bien au-
oins. O ho, je me leueray d'ici, & m'en iray
roit au palais de mon pere, cela feray-je fans
e foucier des haillons que je porte.
t bien quoy? a quoy pensez vous? à la defti-
ée de mon filz?

EV. Ie diray vne chose que vous orrez volōtiers, vous reuerrez au jourd'huy vostre filz.

P. Mon filz?

EV. Ouy, vostre filz.

P. Ie vous prie, est il possible que je puisse reuoir mon filz?

EV. Ie le deuine ainsi.

P. Ie prie à Dieu que telles bonnes nouuelles soyent veritables, car en bonne foy je desire grā dement le voir & parler à luy.

EV. Ie cuide qu'il n'est pas maintenant loin du haure.

P. Sus, allons voir si mon heritier reuient, lequel j'ayme d'vne affectiō paternelle, sans plus me souuenir de ce qu'il a faict par le passe.

LE PR. Mais quoy? ou pren-je mō chemin? est-ce deuers mon pere? Ma foy l'entreprise que j'ose faire n'est pas petite, si iray-je, non se-ray. Dequel visage? touteffois si ne retourne-ray-je en arriere. Que veut dire ce siblement que j'oy? ou me veut il transporter? hors de mō propos? Outre mō espoir je suis venu en bō ne esperāce de quelque biē qui m'est prochain.

P.

P. Mais quand te verray-je vne fois mon filz?
n'as tu autrement pitié de ton pere?

EV. Pourquoy gemissez vous ainsi? ne vous ché
mez point tant.

P. Eubule mon ami, que veut dire cela que je sens
mon cœur tout esmeu, à la venue de cest jeune
homme que je voy la de loin venir?

EV. C'est vostre filz.

P. En bonne foy aussi est-ce, je m'enuay au deuant de luy pour l'embrasser.

EV. Ie vous ay dit verité au moins.

LE PR. Mais voyla mõ pere, m'en iray-je droit
à luy? ouy, quoy donc, pere j'ay peché au ciel
& deuant vous, & ne suis desormais digne de
me nommer vostre filz.

P. O mon filz mon filz.

LE PR. O mon pere reculez vous de cette ordure.

P. Ie ne le pren point à cœur pour l'amour que je
te porte mon filz.

LE P. Ie vous suppli mon pere que me.

P. Tout t'est pardonné, aye bon courage. Onques
ne me fus plus agreable que tu es maintenãt.

LE PR. O bonté paternelle.

G iij   P.

P. *Or te leue maintenant.*

LE PR. *Eſt-ce la l'office d'vn pere? ay-je fait le deuoir d'vn filz?*

P. *Ça hau, à coup qu'on aporte ici vn habit honeſte, & que mon filz en ſoit veſtu, cela fait, qu'on luy mette vn anneau au doigt, & qu'on luy apporte des ſouliers. Au ſur plus que ce veau gras me ſoit amené, & tout incontinent tué, à fin que le feſtin ſoit appareillé, & que tous ſoyons joyeus. Pourtant que ce mien filz eſtoit pieça mort, & il eſt retourné en vie, il eſtoit perdu, & eſt retourné, tien mon filz tien, acouſtre toy de ces habits.*

LE PR. *O mon pere, comment vous pourray-je dignemẽt loüer, jamais je ne pourroye ſi haut vous magnifier, que voſtre bonté ne ſurpaſſe toutes loüanges. Eſt il poſſible que par vous je ſoye r'apellé de mort à vne vie pleine de toute reiouiſſance? De grande lieſſe que j'ay, je ne ſay ou j'en ſuis. Il ne peut maintenant me ſuruenir deſaſtre ſi grand, qui me puiſſe donner facherie, tant je ſuis joyeus d'eſtre filz d'vn ſi bon & ſi vertueus pere. A vous, je me*

rens de tout mon cœur, à vous du tout je me
soumets, vous estes mon pere, vous estes mon
protecteur, vous estes celuy, de qui en double
maniere je tien la vie.
PEL. Mon filz, tu me seras desormes plus cher
qu'onques tu ne fus, & heureus viuras auecques moy. Or sus sus, allons au festin.
EV. C'est bien dit.

ICi t'ay bien voulu auertir bening Lecteur, que
sous cette action & Comedie est le mystere &
sens mystique de la parabole adumbré. Car
nous auons demonstré tout ainsi qu'en vne
image, comme l'homme estant perdu par sa
mauuaise vie, retouure en fin saluation.
D'ont aisement tu pourras aprendre, quelle
rebellion aporte vne opiniastreté à l'home contre Dieu, laquelle amene quant & soy vne
mort deseruye. D'autre costé, t'est mis deuant
les yeus, combien est grande la bonté & clemē-
ce de Dieu le pere, qui au retour de son filz, luy
fait tout bon & amiable recueil, sans luy re-
procher les mechancetez commises. Mais qui
G iiij

plus

plus eſt, il ſe jette ſur luy pour le baiſer & aco
ler, ſans faire cas de ſes ordures, car vray
amour ne viſe atache ne ſouilleure. D'auantage il oublye promptement les maus par luy
perpetrez de long tems : car qui legerement ſe
courrouce, monſtre que ſon amour eſtoit peu
ſtable. Or tout ainſi que ſans doute aucune, le
pere celeſte ſurpaſſe toutes creatures quant à
l'amour qu'il a enuers l'homme, auſſi rend il
à ſon filz de grandes graces & benefices, au lieu
de tant & ſi grands malefices par luy cõmis,
& fait que toute la maiſon qui n'a gueres
eſtoit pleine de dueil & triſte, maintenant ſoit
comblée de plaiſir & lieſſe. Ie te prie conſidere
moy ici vn peu les tours & changemens des
choſes. Or ſommes nous tous appelez à cette
joye, au moins ſi en recognoiſſant noz maus
nous venons à amandement, & que auecques
le Prodigue nous ayons eſperance d'obtenir
pardon du pere. C'eſt là fin ou Ieſus Chriſt
tend par cette parabole, à fin que d'autant
qu'il nous deplaiſt & ſommes dolens de n'ai-
ſtre rebelles à dieu, & enfans d'ire, que par au
tre

tre part foyons auſſi joyeus d'eſtre remis en
grace d'vn pere treſ-bon, & qui eſt la meſme
bonté par les dons & graces du ſainct Eſprit.
Or ſi le myſtere deſſuſnommé t'eſt par nous
ſuffiſamment declaré, ami Lecteur, tu n'as
qu'attendre de nous d'auantage en ceſt
endroit, puiſſes tu à jamais jouir des
joyes ici repreſentées, donne
ſigne de joye, & demeure
en la garde de
Dieu.

F I N.

ORAISON POVR DIRE AV
matin en se leuant.

MOn Dieu, mon pere, & mon Sauueur, puis
qu'il t'a pleu me faire la grace de passer ceste
nuit pour venir jusqu'au jour present, veuille moy aussi maintenant faire ce bien, que
je l'employe tout à ton seruice : tellement que
je ne pense, ne dise, ne face rien, sinon pour te
complaire, & obeïr à ta bonne volonté : à fin
que par ce moyen toutes mes œuures soyent à
la gloire de ton nom, & edefication de mes pro
chains. Et combien il te plait de faire luire
ton Soleil sus la terre, pour nous eclairer cor-
porellemēt, aussi veuille moy, par la charté de
ton Esprit, illuminer mon entendement &
mon cueur, pour me diriger en la droite voie
de ta justice. Ainsi à quelque chose que je m'ap
plique, que tous-jours ma principalle fin &
intention soit de cheminer en ta crainte, te ser
uir & honorer, attendant tout mon bien &
ma prosperité de ta seule benediction : à fin de
ne rien entreprendre, qui ne te soit agreable.

D'a-

D'auantage, trauaillant tellement pour mon corps, & pour la vie presente, que ie regarde tous-jours plus loin, à sauoir à la vie celeste, la-quelle tu as promise à tes enfans. Neantmoins qu'il te plaise & selon le corps & selon l'ame estre mõ protecteur, me fortifiant contre toutes les tentations du diable, & me deliurant de tous les dangers terriens, qui me pourroyent auenir. Et pour-ce que ce n'est rien de bien cõmencer, qui ne perseuere, veuille moy non seulemẽt pour ce jourd'huy receuoir en ta sainte conduite, mais pour toute vie continuant & augmentant journellemẽt ta grace en moy, jusques à ce que tu m'aies amené à la pleine conionctiõ de ton filz Iesus Christ noestre Seigneur, qui est le vray Soleil de noz ames, luisant jour & nuit, sans fin & à perpetuité. Et à fin que ie puisse obtenir telles graces de toy, veuillez oublier mes fautes passées, me les pardonnant par ta misericorde infinie, comme tu as promis à tous ceux qui t'en requerront de bon cueur.

ORAI-

SEigneur Dieu, puis qu'il t'a pleu créer la nuit, pour le repos de l'homme, comme tu luy as or- donné le iour pour trauailler: veuille moy fai re la grace de tellement reposer ceste nuit selon le corps, que mon ame veille touſ-iours à toy: & que mon cueur ſoit eleué en ton amour: & que tellement ie me demette de toute ſolicitu- des terriennes, pour me ſoulager ſelon que mõ infirmité le requiert, que iamais ie ne t'oublie, mais que la ſouuenance de ta bonté & grace demeure touſ-iours imprimée en ma memoi- re, & que par ce moyen ma cõſcience ait auſ- ſi bien ſon repos ſpirituel, comme le corps prend le ſien. D'auantage, que mon dormir ne ſoit point exceſſif, pour complaire outre meſure à l'aiſe de ma chair: mais ſeulement pour ſatiſ- faire à la fragilité de ma nature, à fin de me diſpoſer à ton ſeruice. Auſſi, qu'il te plaiſe me conſeruer impollu, tant en mon corps, qu'en mon eſprit: & me conſeruer contre tous dan-

gers,

gers, à ce que mon dormir mesme soit à la gloi
re de ton nom. Et pour-ce que le jour ne s'est
point passé, que je ne t'ay offensé en plusieurs
sortes, selon que je suis vn poure pecheur, ainsi
que tout est maintenant caché par les tenebres
que tu enuoyes sur la terre: veuillez aussi en-
seuelir toutes mes fautes par ta misericorde, à
fin que par icelles je ne soye point reculé de
ta face. Exauce moy mon Dieu, mon Pere, & mon Sauueur, par nostre
Seigneur Iesus Christ:

AMEN.

Chez Iean VVaesberghe au Ce-
mitiere noftre Dame, à l'Efcu
de Flandres au Marché
à Toiles.
M. D. LXIIII.